Innovation Strategy

イノベーション実践論

丹羽 清

Niwa Kiyoshi

東京大学出版会

Innovation Strategy
Kiyoshi NIWA
University of Tokyo Press, 2010
ISBN 978-4-13-042135-5

はじめに

　本書はイノベーション（革新）をいかに効果的に実施すべきか，その方向性と実践上の指針を与えることを目的としている．ここでイノベーションとは従来軌道の変更，あるいは，創造的破壊を意味している．
　現在，国の内外を問わずイノベーションこそが企業や国家の存続と発展のための最良の方策だとさえいわれている．しかし，その一方でイノベーション実施の考え方や的確なマネジメントのあり方が明確ではないという状況にある．
　著者は前著『技術経営論』（東京大学出版会，2006）において，イノベーションを先導する経営学として技術経営の全体像を提示した．同書は視野をできるだけ広くとり，関連する学問領域の考え方を把握・検討したうえで，新たに技術経営学の全体構成を提案し，その基盤の体系化を試みたものである．本書はその姉妹編として，今日もっとも緊急を要する課題であるイノベーションの効果的な実現方法に焦点を当て，そのための思考論理や行動様式を検討し提示するものである．
　したがって本書は，大学や大学院でのイノベーションの教育と研究の教科書，さらに，企業でのイノベーションの実践の指針書に適しているであろう．

　実に，イノベーションとは魅力的な言葉だ．戦略会議などで，イノベーションが重要で必要だというとほぼ全員が賛成し，とくに議論は起こらず会議は問題なくそこで終わるのが常である．ところが，いざそれを実際に実行しようとすると，そのいく先やいき方をめぐって議論は白熱し，賛成・反対入り乱れてなかなか先に進めないことがしばしばである．
　どこに，この問題の原因があるのだろうか．1つには，「イノベーション実践論」が不十分な点にある．たしかに，イノベーションとは何であるべきかを論じ，あるいは，過去の事例をあげて，これこそがイノベーションだと分析する本はある．しかし，今日，われわれが実際にイノベーションの実現に向けて

どの方向にどのように進めばよいのか，そして，その実現の過程で直面する問題にどう対処したらよいのかなどの実践的な課題はほとんど明らかにされていない．

　このような状況にあって，本書はイノベーションへの道を実際にふみ出し，さらに，進み続けるための助けとなるように，その実践のための基本的な考え方，発生する問題点の扱い方，さらに，効果的なイノベーション実現に向けていくつかのアプローチを提示するものである．

　なお，「企業経営にとって大切なのは収益を上げることであって，それが，イノベーションなのか，改善による成長なのかは問わない」といって，イノベーションに正面から向き合おうとしない人たちも存在する．

　たしかに，改善の積み重ねによる成長に比べて，既存軌道の変更を狙うイノベーションは格段と難しく，いわば，ハイリスク‐ハイリターン（危険が大きいが，もし成功すれば見返りも大きい）の考え方ともいえよう．しかし，予想される危険の不安にもかかわらず，イノベーションを狙わなければならない状況に追い詰められている人たち，あるいは，将来の飛躍的発展のためにあえてこの難しい道に挑戦しようとする人たちのために本書は書かれている．

　つまり，かつてSchumpeter (1926)がイノベーションこそが資本主義経済発展の源であると喝破したように，イノベーションが企業や国家の長期的な発展の源であるという観点で，その実現を狙うのが本書の立場である．

　一般に，学問や物事に臨む態度には分析的態度と実践的態度があるといえるだろう．たとえば，理工学の領域では，分析的態度の代表例は物理，化学，生物などの理学（サイエンス）にみられるものであり，それは，自然法則はどうなっているかを明らかに（すなわち，発見）しようとするものである．一方，実践的態度の代表例は電気工学，機械工学などの工学（エンジニアリング）にみられるものであり，それは人間に有益なものを創作（すなわち，発明）しようとするものである．今日，この理工学の領域においては，たとえば，バイオ・サイエンスという分析的学問（理学）とバイオ・エンジニアリングという実践的学問（工学）の両者がお互いに刺激し合い，成果を交換しながら車の両輪のよう

にともに発展している．

　経営学の領域では，優良な企業を調査対象にし，その経営の実態を明らかにしようとする分析的態度の経営学がこれまでの主流であった．しかし，企業とは自然現象ではなく意志をもった人間の主体的行為であることに着目すれば，効果的な経営をどのように実現すればよいのかを考案しようという実践的経営学の一層の充実が望まれている．そして，上記に述べた理工学の領域と同じように，2つの経営学はお互いに成果を交換しながら，車の両輪のように前進するものであろう．

　経営学の一部であるイノベーション論の分野でも，従来から多くの研究があるイノベーション分析論に加えて，イノベーション実践論の発展が必要である．このような状況をふまえて，本書はイノベーション実践論の確立に向けての第一歩として書かれたものである．

　本書の構成は次の通りである．

　第1章「イノベーションの基本思想と実践的展開」では，イノベーションの基本的な考え方を再確認し，実践に際して必要となる応用的・実用的考え方を3つの視点から整理する．その3視点とは，(1) 創造か破壊か，(2) 連続か非連続か，(3) 個人か組織か，である．これらを理解することによってイノベーションとは何であるのかを示す光がみえてこよう．

　第2章「企業におけるイノベーションの効果的実践」では，既存企業においてイノベーションを企てようとすると必ず発生する問題，すなわち，既存事業と新規事業の間に生じる葛藤とその原因を述べる．ついで，そこからの脱出法として，既存と新規のそれぞれの場合におけるイノベーション・マネジメントの確立と，両者のバランスを図るポートフォリオ戦略を述べる．これによってイノベーションへの道が敷設されるであろう．

　第3章「セミ・オープンイノベーションによる日本企業の躍進」は，とくに，日本企業におけるイノベーション実現にとって有効と考えるアプローチの具体的な提案である．それは，完全なオープンとクローズドの中間にあって，両者の長所を生かせるセミ・オープンマネジメントを行い，総合力（シナジー効果）を段階的に発揮させる方法である．この方法に基づけば，イノベーションの道

を着実に歩み進めることができるであろう．

　第4章「マーケティングを統合するイノベーションの挑戦」では，将来に向けた挑戦の1つの方向を議論する．そこでは，ニーズとシーズをどのように考えるべきか，そして何に基づいてイノベーションの目標を定めたらよいのかという，もっとも根源的課題を検討する．とくに，今日の高度技術社会においては伝統的なマーケティング手法に限界があることをみきわめ，さらにイノベーションとマーケティングの関係を再吟味したうえで，イノベーション機能がマーケティング機能を統合して企業が強力にイノベーションをめざすべきであるという展望を提示する．

　さらに，各章末には「議論のための課題」が付与されている．これらは，各章の基本的で重要な事柄に対応させて注意深く作られている．したがって，読者はこれらの課題と向かい合うことによって，各章の理解をさらに深めることができるであろう．とくに，大学や大学院での授業や，企業での研修などで本書を用いる場合には，この課題の議論をクラスで積極的に展開することで大きな効果を得ることができよう．

　一般的な経営（ビジネス）書に比べて，本書には実例（ケース）の記載が少ない．たしかに，過去の成功事例を具体的にあげ後付でその理由を述べるのは容易である．しかし，あえてそうしなかったのは，変化の激しい高度技術社会では実例の賞味期限は数年ももたないからである．

　しかし本書は何よりも，実例をあげそれを分析するという立場で書かれる分析的経営書と異なり，効果的な経営のあり方を考案し提案する実践的経営書であるので，すでに世の中に存在する例を集中的に議論するのでは意味がないのである．とくに，今までにないものを狙うイノベーションにおいてはそうであろう．

　それでは，実践的経営書においては何を記述すべきであろうか．それは，冒頭で述べた「（イノベーション実現のための）思考論理や行動様式」といえるのだ．

　以上をふまえると，企業人学生を主体とする専門職大学院，あるいは，企業の研修の場で本書を用いる場合には，本書で提案する「思考論理や行動様式」を各々の受講生の現在の業務に適用して議論することが，真の意味での実例

（ケース）学習ということになろう．就業経験のない学生の授業で本書を用いる場合には，過去3カ月程度に掲載された新聞記事や雑誌記事など，さらに理想的な例としては，企業から招いたゲスト講師の話などを基にして，本書で提案する「思考論理や行動様式」を採用し，学生が「自分だったらこうする」という議論を展開させるとよいであろう．

前著『技術経営論』に引き続き，本書も執筆過程において東京大学出版会の丹内利香氏から貴重な助言をいただいた．この編集者との議論と共同作業なしには本書は世に出ることはなかったであろうことを，記しておきたい．

目　次

　　はじめに　　iii

第 1 章　イノベーションの基本思想と実践的展開　　　　　　　　1

1.1　創造的破壊の基本と実践 …………………………………… 2

　（1）　軌道の変更が基本　　2

　　（a）　イノベーションとは軌道の変更　2　　（b）　新軌道はどのようにして創るか　3　　（c）　新軌道に入るとは　5　　（d）　S字カーブの乗り換え　7

　（2）　創造的破壊　　8

　　（a）　創造的破壊とは　8　　（b）　慣行軌道を破壊するイノベーター　9

　　（c）　イノベーターになるための行動様式　10

　（3）　破壊と創造をどのように起こすか　　14

　　（a）　破壊のための創造　14　　（b）　創造がもたらす破壊　16　　（c）　別解釈による破壊と創造の同時達成　17　　（d）　破壊なしの創造　19

1.2　非連続変化の見出し方と創り方 …………………………… 19

　（1）　非連続が基本　　19

　　（a）　Schumpeter の考え方　20　　（b）　イノベーション実践論とは　20

　　（c）　非連続に対する実践的アプローチ　22

　（2）　非連続の実践的な見方と創り方　　23

　　（a）　イノベーションと非連続　23　　（b）　非連続を連続とみる　24

　　（c）　連続に非連続を見出す　26

1.3　個人と組織のイノベーション ……………………………… 27

　（1）　個人が基本　　28

(a) Schumpeterのイノベーター像　28　　(b) 個人の創造的はたらき　29
      (2) 組織（マネジャー）によるイノベーション　31
         (a) 異端児は変わらぬ確信犯　31　　(b) マネジャーによる軌道変更　32
         (c) 多様性の確保と的確な選択：CTOの役割　33
   議論のための課題　34

第2章　企業におけるイノベーションの効果的実践　　　　　　　37

   2.1　イノベーション開始時に陥る袋小路からの脱出 ……………… 38
      (1) イノベーション議論の袋小路　38
         (a) イノベーションの総論賛成　38　　(b) 既存事業からの反発　39
         (c) 成果重視の落とし穴　41　　(d) 袋小路の現実　42
      (2) 袋小路からの脱出アプローチ　43
         (a) 既存事業と新規事業の両輪性と相互依存性の確認　43　　(b) 既存事業と新規事業でのイノベーション　45　　(c) 既存事業と新規事業の場合分け　46

   2.2　既存事業改善におけるイノベーションの推進 ……………… 47
      (1) 目標仕様がほぼ明確な場合　47
         (a) 目標仕様が明確とは　47　　(b) 生産方法のイノベーション　48
         (c) 試行錯誤　50
      (2) 目標仕様が不明確な場合　51
         (a) 目標仕様が不明確とは　51　　(b) コモディティー化からの脱出　53
         (c) 周辺顧客創造のイノベーション　54

   2.3　新規事業進出におけるイノベーションの推進 ……………… 57
      (1) 革新的構想　57
         (a) 世の中にないものとは　58　　(b) 技術者の革新的構想　58　　(c) 革新的構想支援のマネジメント　60
      (2) セレンディピティー　62
         (a) セレンディピティーとは　62　　(b) セレンディピティーの活用　64

2.4 イノベーション・ポートフォリオ戦略と国の支援政策 ………… 64
　(1) イノベーション・ポートフォリオ戦略　65
　　(a) イノベーション・ポートフォリオの必要性　65　(b) イノベーション・ポートフォリオ戦略　66
　(2) イノベーション支援政策　67
　　(a) イノベーション支援政策の必要性　68　(b) イノベーション支援政策　69
議論のための課題　71

第3章　セミ・オープンイノベーションによる日本企業の躍進　73

3.1 セミ・オープンイノベーションによる総合力の発揮 ………… 74
　(1) オープンイノベーションとその盲点　74
　　(a) なぜ「オープン」の議論か　74　(b) クローズドとオープン　76
　　(c) オープンイノベーションの盲点　78
　(2) セミ・オープンイノベーションの提案　80
　　(a) セミ・オープンイノベーションとは　80　(b) 日本に適したアプローチ：セミ・オープンイノベーション　82

3.2 総合力の正しい理解と発揮の方法 ………… 84
　(1) システム論からの視点　84
　　(a) なぜ総合力の議論か　85　(b) システムと創発性　85
　(2) 総合力を考える例題　87
　　(a) 時計の例　88　(b) 多事業部の例　89
　(3) 製造総合力から提案総合力へ　90
　　(a) 製造総合力　91　(b) 提案総合力　92　(c) 日本の技術系企業の目指すべき道　92

3.3　総合力展開の段階的実践によるイノベーション………………… *93*

(1)　総合力への5段階　　*94*

　(a)　第1段階：【① 寄せ集め】　*95*　　(b)　第2段階：【② 窓口一本化】　*96*

　(c)　第3段階：【③ 接続】　*98*　　(d)　第4段階：【④ 混合】　*99*

　(e)　第5段階：【⑤ 化合】　*100*

(2)　総合力展開のマネジメント　　*102*

　(a)　総合力展開の要件　*103*　　(b)　日本企業の躍進　*105*　　(c)　オープンイノベーションとの関係　*107*

議論のための課題　　*108*

第4章　マーケティングを統合するイノベーションの挑戦　*109*

4.1　マーケティングとイノベーションの役割と関係………………… *110*

(1)　マーケティングとイノベーションの概要　　*110*

　(a)　Druckerの卓見：企業の2つの基本的機能　*110*　　(b)　マーケティングの概要　*111*　　(c)　イノベーションの概要　*113*

(2)　マーケティングとイノベーションの関係　　*115*

　(a)　マーケティングとイノベーションの関係の一般的理解　*115*　　(b)　マーケティングとイノベーションの軋轢　*117*　　(c)　マーケティングとイノベーションの関係の改善　*118*

4.2　マーケティングとイノベーションの発展段階の同型性………… *119*

(1)　前期発展段階　　*120*

　(a)　シーズ志向　*120*　　(b)　ニーズ志向　*122*

(2)　後期発展段階　　*123*

　(a)　顧客との協同開発　*124*　　(b)　顧客による開発　*125*　　(c)　インターネットによる広範囲化　*128*

4.3 マーケティングを統合するイノベーション……………… *130*

(1) 高度技術社会におけるマーケティングの限界　*130*

 (a) マーケティングの基本思想　*131*　(b) 高度技術社会の特徴とマーケティングの限界　*132*

(2) マーケティングとイノベーションの新しい関係　*133*

 (a) 技術先導の顧客創造　*133*　(b) マーケティングとイノベーション・ポートフォリオとの対応　*136*

(3) マーケティングを包含し不要にするイノベーションの展望　*138*

 (a) マーケティングを包含するイノベーション　*138*　(b) マーケティングを不要にする革新的イノベーション　*140*

議論のための課題　*143*

おわりに　*145*
引用文献　*149*
索　引　*151*

第 1 章

イノベーションの基本思想と実践的展開

　本章では，まずイノベーションとは何か，その基本的な思想を再確認し，そのうえでイノベーション実践に必要な応用的・実用的な考え方や実行方法を述べる．

　そのために，イノベーションを正しくとらえる3つの基本的な視点として「創造的破壊」「非連続変化」「個人と組織」にとくに焦点を当て，それぞれを節に対応させて検討を進める．

　各々の節では，最初に基本的な考え方を述べ，ついで，実際にイノベーションを起こすために，その基本をどのように実践的に展開すべきかを提示する．とくに，いかに他人と異なる見方を打ち立てて攻めるかの具体的な考え方と指針を与える．

1.1　創造的破壊の基本と実践

本節はイノベーションをとらえる基本的視点の1つめである創造的破壊について検討を加える．

まず，イノベーションとは従来の慣行軌道を離れ新しい軌道に変わること，すなわち，新しい世界の創造であることを確認する．したがって，それは，従来のものを破壊して新しいものを創り出すという意味の創造的破壊という特徴をもつ．

ついで，創造的破壊を行う人（イノベーターとよぶ）はどういう人材なのか，何を行う人なのか，その行動様式を検討する．とくに，創造と破壊をどのように起こすか，そのどちらを先に狙うべきなのかなどの実践的課題を議論する．

(1)　軌道の変更が基本

本項ではイノベーションの基本的特徴である軌道の変更とは何か，新軌道に入るとどういうことが起きるのかについて，Schumpeter (1926) に学ぶ．そして，この軌道の変更とは，S字カーブの乗り換えとしてとらえると理解しやすいことを指摘する．

(a)　イノベーションとは軌道の変更

Schumpeter (1926，邦訳（上），pp.171-180) は，経済活動の慣行軌道の変更が経済を発展させる，これが資本主義発展の源である，と述べた．

今日，ほとんどのイノベーション研究は，これを土台としている．イノベーションの本質は量的変化ではなく，質的変化なのである．それは，図1.1に書かれているように，たとえば，駅馬車から鉄道への変更である．この変更は文字通り軌道の変更，すなわち，イノベーションとよぶのにふさわしい．

一方，小規模の小売店から大規模な百貨店の形成過程は，軌道の変更というより，同じ軌道内での量的な拡大，すなわち，成長としてとらえることが妥当であるという．したがって，これはイノベーションとはいわない．

もちろん，軌道の変更であるイノベーションであっても，同一軌道内での成

> 経済活動の慣行軌道の変更が経済を発展させる．
> これが資本主義発展の源である．
> ・軌道の変更（イノベーション）
>   （例）駅馬車から鉄道
> ・同一軌道内（成長）
>   （例）小規模の小売店から百貨店の形成

図 1.1 Schumpeter（1926, 邦訳（上），pp. 171-173）のイノベーション（軌道の変更）

長であっても，経営的に成功して収益を上げれば経済を発展させたといえるであろう．そこで一部の人たちは次のようにいう．「大切なのは収益を上げることであって，それが，軌道の変更（イノベーション）なのか同一軌道内のこと（成長）かは問わない」と．

しかし，Schumpeter が軌道の変更が資本主義発展の源であると喝破したように，軌道の変更が企業や国家の長期的な発展の源であるという観点で，その実現を狙うのが本書の立場である．

たしかに，同一軌道内での着実な成長を試みるのに比べて，軌道の変更であるイノベーションを狙うことは格段と難しく，いわば，ハイリスク‐ハイリターン（危険が大きいが，もし成功すれば見返りも大きい）の世界ともいえよう．しかし，予想される危険が大きいにもかかわらず，これを狙わなければならない状況に追い詰められている人たち，あるいは，将来の発展のためにあえてこの難しい道に挑戦しようとする人たちのために本書は書かれている．

(b) 新軌道はどのようにして創るか

前項で述べたように，慣行軌道から新軌道への変更がイノベーションであるので，挑戦すべき課題はいかに新軌道を創るかである．

まずは，Schumpeter の主張を聞こう．彼の言葉（1926, 邦訳（上），pp. 180-184）を要約すると，次のようになる．「イノベーションは，企業の生産の場において起きる．生産をするということは，いろいろな物や力を結合することであるので，新軌道は新結合の遂行によって起き，それは，次の5つの場合を含んでいる」．この5つの場合を現在の言葉で簡潔に表現すると，図1.2のよう

> イノベーションは生産の場の新結合で起きる．それは次の5つの場合を含む．
> ① 新製品の開発
> ② 新生産方法の開発
> ③ 新市場の開拓
> ④ 新資源供給源の開拓
> ⑤ 新組織の開発

図1.2 Schumpeter（1926, 邦訳（上），pp. 182-183）のイノベーションの5つの場合

になる．

イノベーションは生産の場において起きるととらえたSchumpeterの主張は基本的に正しいと考えられる．たしかに，ユーザの普及活動の過程において軌道が変わることも（Rogers, 2003）あるが，それらの活動も広義の（つまり，ユーザによる）生産活動とみることが可能だからである．

さて，図1.2に示されたイノベーションの5つの場合の指摘は重要である．というのは，今日，イノベーションを最初の2つの場合，すなわち，「新製品の開発」と「新生産方法の開発」だけに限定して議論することが，日本において往々にして行われるからである．その2つだけでなく，「あと3つの場合を見落としてはいけない」と80年以上も前からSchumpeterはいっている．

「新製品の開発」と「新生産方法の開発」の2つの場面に限定した議論はイノベーションを「技術革新」と翻訳（誤訳）したことが大きな引き金となっている．むしろ，単に「革新」といって，少なくとも5つの場合において起きることを認識することが重要である．たとえば，日本の多くの技術系企業は，直接に技術にかかわる最初の2つの他に，市場や資源供給源の開拓，さらには，組織の開発というように，つづく3つの場合にまで目を向けるとよい．これらの領域はこれまであまり注意してこなかったこともあり，ここに努力を傾けることで予想以上の成果が得られる余地が残されているのだ．

本項ではさらに一歩進めて，Schumpeterの考え方には，実は，2つの盲点があることを，システム論の観点から指摘しておこう．まず第1に，Schumpeterは新結合という言葉を使って，既存の要素を新たに結合させることに着目したが，これとは別に，新しい要素自身の開発ということもあり得ることを見過ごしている．物事（や知識）の創造は，既存要素の新しい結合と，

新しい要素の開発の両方の場合があるとシステム論は教えるからである．とくに，今日の高度技術社会では，科学技術分野での発見や発明という新たな要素の出現が，ただちに世の中を一変させるということが頻発することに注意する必要がある．

　第2の盲点は，Schumpeter が指摘した5つの場合を統合する「マネジメント領域におけるイノベーション」（丹羽，2006, pp. 150-153）が言及されていないことだ．すなわち，5つの場合とは企業の役割分割された諸活動であるので，それらを統合したシステムレベル（たとえば，企業の CEO（Chief Executive Officer：最高経営責任者）レベル）の活動に対するイノベーションもあり得る．とくに，全社的，あるいは，戦略的なイノベーションが強く求められる今日では，このマネジメントレベルでの新軌道構築に向けての挑戦は重要である．

　以上述べたように，Schumpeter の考えた5つの場合を基本として，さらに，上記で指摘した2つの盲点を考察の範囲に加えて，新しい軌道構築に向かうのがよいだろう．

(c) 新軌道に入るとは

　本項では，新軌道に入るとはどういうことなのか，どのようにしてそれを実現するのか，その際の状況はどのようなものなのかなどという実践的な観点から重要な課題を検討したい．

　自分では新軌道を構築しそれに向かって軌道変更しようと努力しているつもりでも，それがはたして本当に軌道変更への道になっているのか，あるいは，実は依然として慣行軌道の延長を進んでしまっているのか，その区別は難しい．

　たとえば，5年後というようにある一定の年月が経ち，そこから振り返ってみれば，あのときの努力はどちらであったかという判断は容易かもしれない．あるいは，今日，多くの学者がしているように，過去の事例を調査・研究してそれらが軌道変更か，あるいは，慣行軌道の延長かのどちらかだというのも可能であろう．

　しかし，残念ながら，現在進行形の活動がイノベーションなのかそうでないのか，すなわち，新軌道なのか慣行軌道なのかを知る客観的な判定基準は存在していない．

そうはいっても，イノベーションを起こそうとする人にとって，今の自分の行いがはたしてどちらの軌道上のものなのかは重大なことがらである．それを知る手がかりはないのだろうか．実は，これに関しても図 1.3 に示すように，Schumpeter はヒントを与えている．

図 1.3 に記述された軌道変更の特徴は，自分の行動をチェックするヒントとすることができる．たとえば，自分のそれまでの経験と業績を土台に，順調に進んでいるとみえるときには，自分は依然として慣行軌道にいるかもしれないと反省し，多くの新しい困難に直面して挫折しそうなときには，これは軌道変更に挑戦している生みの苦しみかもしれないと自分を鼓舞するというようにである．

ただし，この場合，逆は必ずしも真ではない（困難に直面しているからといって，軌道変更しているということは必ずしも正しくない）ことへの注意は必要ではある．

さらに軌道変更のときの状況を，Schumpeter は要約すると次のようにもいう（Schumpeter, 1926, 邦訳（上），pp. 223-226）．

　　新軌道への変更と慣行軌道での活動との違いは，あたかも 1 つの道路の建設と，1 つの道路での歩行が異なるがごとくである．道路を新しく建設することが，単に歩行回数を増やすことと同じでないのと同様に，イノベーション（新軌道への変更）の遂行は慣行的な結合の反復と比べて，単に程

慣行の軌道
　・自分の地盤を確信しており，「潮流」にしたがって泳ぐことが可能．
　・それまでの自分自身の知識と経験だけで十分．
軌道の変更（イノベーション）
　・軌道を変更しようとすると，「潮流」に逆らって泳ぐことになる．
　・以前は支柱であったものが，今や障害となる．熟知していた与件が，今や未知のものになる．多くの人は立ち往生する．
　・軌道を外れると抵抗を受ける．まず，新しいものに脅かされる集団からの抵抗，ついで，一般世人の協力を得ることの困難さ，最後に消費者を引きつけることの困難さに出会う．

図 1.3 Schumpeter (1926, 邦訳（上），pp. 210-211, 227) による軌道変更の特徴

度の差をもつにすぎないような過程ではない．

　軌道外に出ると，決断のための与件や行動のための規則がなくなる．したがって，推察と洞察で，計画を練らねばならない．しかし，慣行軌道の計画に比べれば，質的量的に大きな誤謬を含むだろう．このような計画を練るとき，自分の胸中においてすら慣行軌道の諸要素が浮かび上がり，成立しつつある計画に反対の証拠を並び立てるようになるだろう．これを克服するには，日常的必要を超える大きな力の余剰を前提に，意志の新しい違った使い方が必要となる．

　Schumpeter は，上記のようなイノベーションを起こす人材を企業家（アントロプルーナー）とよんだ．今日の言葉でいえば，イノベーターに対応するだろう．したがって，本書ではイノベーターとよぶことにする．

(d)　S字カーブの乗り換え

　本項では慣行軌道から新軌道への変更，すなわち，イノベーションを，S字カーブの乗り換えととらえると直感的に理解しやすいことを述べたい．

　S字カーブとは，横軸に時間をとり，縦軸に成果（試験の得点，売り上げ高，普及率など）をとるグラフで，あることの努力の行為を時間に沿って表すと，はじめのうちはなかなか成果が出ないが，しばらくすると急に成果が出はじめ，やがては，努力をする割には成果がでないという一般的によく起きる傾向を描いた図である．図 1.4 のように（ただし，図 1.4 は A と B の 2 つの S 字が書かれている），努力を表す曲線の形が S 字に似た形となっているので，S字カーブとよばれる．

　先に図 1.1 に記した Schumpeter が述べたイノベーションの例では，図 1.4 において，A が駅馬車に，B が鉄道に対応する．したがって，駅馬車から鉄道への軌道の変更とは，S字カーブ A から S字カーブ B への乗り換えということになる．

　同じように，われわれは多くの事例を当てはめることができる．真空管から半導体，フィルム式カメラからデジタルカメラ，ブラウン管テレビから液晶テレビなどへの乗り換えである．

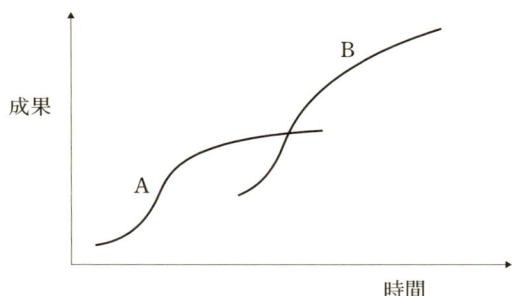

図 1.4　Ｓ字カーブの乗り換え

このように，簡単にいうと，イノベーションとはＳ字カーブの乗り換えだととらえることができる．

(2) 創造的破壊

前項(1)においてイノベーションの基本は慣行軌道から新しい軌道への変更であると述べてきた．そして，それはＳ字カーブの乗り換えといえるとも述べた．

以上のことと創造的破壊とはどのように関係するのだろうか．そこで本項では，軌道変更との関連において創造的破壊とは何か，さらに，それは現在の企業活動において，具体的にどのような活動としてとらえるべきかについて考察する．

(a) 創造的破壊とは

ここでも，Schumpeter (1926, 邦訳（上），pp. 183-184) の考え方を，まず簡単に振り返ってみよう．要約すると，彼は次に述べる趣旨のことをいっている．

> 軌道変更を行う企業は，従来からの慣行軌道を行っていた企業と同一のこともあるが，むしろ新しく登場する企業のことが多い．なぜなら，現在の本流をいくものは，そこを飛び出して新しいものを行うことを躊躇するからである．たとえば，鉄道を建設したものは一般に駅馬車の持ち主ではなかったのである．

そして，Schumpeter (1950, p. 83; 邦訳, p. 130) は，イノベーターが慣行軌道を淘汰・破壊して新しい軌道を確立していく過程を「創造的破壊」とよんだのである．

図 1.4 の S 字カーブでいえば，A という軌道が淘汰・破壊されて B という新軌道が確立されていく過程が，創造的破壊に対応している．

(b) 慣行軌道を破壊するイノベーター

慣行軌道を破壊し新軌道を確立するイノベーターとは，どういうことを行うのであろうか．その典型的なイメージを考えてみたい．

そのために，経済活動でもっとも一般的である同業企業間における競争と，イノベーターによる慣行軌道の変更（すなわち，イノベーション）との違いを比較してみよう．そうすることで，イノベーションのイメージを明確にしてみたい．

企業活動において当面の重要な目標は，その属する業界内での競争に勝つことであろう．たとえば，Schumpeter がとりあげた駅馬車を例にすると，駅馬車企業は同業の企業との競争に勝つために，馬の数を増やし便数を増加したり，乗り心地のよい馬車を開発したり，あるいは，運賃を下げたりといろいろな企てをするであろう．このような活動（すなわち，競争）と鉄道を建設するという活動（すなわち，イノベーション）とはどのように違うのであろうか．

この違いを端的に示そうとしたのが図 1.5 である．図の上部では，ある業界内での競争のイメージを示している．競争者は同業の他企業を破壊する．しかし，それが業界全体としての軌道を変更するということにはならない．

一方，図の下部では，イノベーターとしての鉄道の建設者が駅馬車業界そのものを破壊し，したがって，業界の慣行軌道は破壊されている状態を示している．

ではこの場合，慣行軌道とは何であろうか．これを理解することは重要である．なぜならば，これこそ壊すために攻める対象だからである．一般的にいえば，業界としての慣行軌道を構成している要素は，業界顧客層，ビジネスモデル，基盤技術，共通システム，生産方法などが考えられる．ちなみに，先の駅馬車から鉄道へのイノベーションにおいては，基盤技術と共通システムが変更

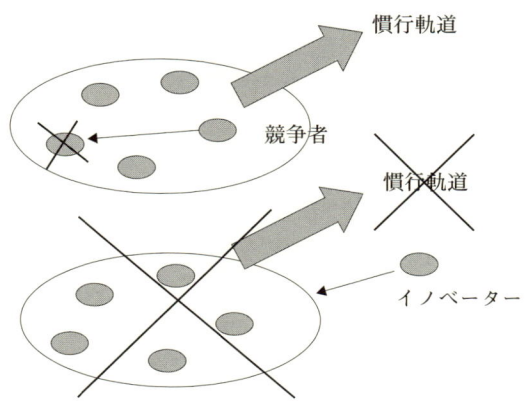

図1.5 慣行軌道を破壊するイノベーターの典型的イメージ

になったと考えられる．

本項で述べたイノベーターの典型的イメージをもとに，次項では，さらに具体的な議論を行う．

(c) イノベーターになるための行動様式

図1.5に示し，前項で述べたイノベーターの典型例では，イノベーターとは，ある業界の外からその業界全体を破壊する人たちであるとして描いていた．

イノベーションを実践するという本書の立場からは，次に重要なことはこの典型例の議論を土台に，われわれが実際にイノベーターになるために，今日の企業活動の諸側面において，どこをどのように攻めればよいのかを明らかにすることであろう．

そこで，ここでは，上記を明らかにする1つのアプローチとして，［他業界を攻める］［自業界を攻める］［自企業を攻める］［新たなものを作る］という順にしたがって，イノベーターの役割に検討を加えてみよう．その概要をまず示したのが図1.6である．

［他業界を攻める］

自分が属する業界と異なる他業界を攻める場合には，その他業界のある特定

> [他業界を攻める]
>   他業界の慣行軌道（顧客層，ビジネスモデル，基盤技術，共通システム，生産方法など）を，自分のもっているもので破壊・交代させる．
>
> [自業界を攻める]
>   従来とは異なる新たな顧客層，ビジネスモデル，基盤技術，共通システム，生産方法などを開発・導入して，新しい効果的な軌道を打ち立て，同業他社を淘汰する．
>
> [自企業を攻める]
>   自企業の本流事業を破壊・交代させることになる新事業を起こす．
>
> [新たなものを作る]
>   世の中にないまったく新しい事業を起こす（新技術開発によることが多い）．

図 1.6 イノベーターになるための行動様式の概要

の企業を攻めるというアプローチは，イノベーションとよべるような大きなインパクトは生まない．先に述べた同業者同士の競争とほとんど変わらないからである．

そうではなく，他業界を攻めるイノベーションを狙うならば，攻める業界を全体として成り立たせている慣行軌道の破壊・変更を企てるべきである．今日では，業界の慣行軌道を成立させている要素は，顧客層，ビジネスモデル，基盤技術，共通システム，生産方法などであろう．したがって，これら要素の破壊・変更を企てればよい．

たとえば，自分の業界で駆使している顧客維持システム，サプライチェーンの運用方式，料金体系を成り立たせるビジネスモデル，製品や事業の基盤となる技術方式，生産技術の方法などを，それらの経験のない他業界に適用することを企てるなどである．

この際，他業界の慣行軌道の要素に対して自分の業界で慣れ親しんでいる要素で置き換えてみると，画期的な効果が出るかどうかをみきわめることが中心課題となる．あるいは，場合によっては発想を逆にして，自業界独自の慣行軌道の要素をもち込むと，そこでの慣行軌道を劇的に破壊・変更できる業界はどこにあるかと，攻める対象業界を探し出すというアプローチもある．

一例をあげてみよう．今日，乗用車に組み込まれているコンピュータ・ソフトウェアの量は膨大である．そして，このコンピュータ・ソフトウェアの機能や性能が乗用車の競争力（性能や価格）を決定する大きな要因となってきている．しかも，このコンピュータ・ソフトウェアを効果的に設計し，誤りなく作ることは技術的にも難易度は高く，そのマネジメントも高度の水準が要求され，また，コストもかかる．ここに目をつけ，巨大なコンピュータ・ソフトウェアを効果的に開発し効率的に運用して，ソフトウェア・マネジメント経営に優れたIT関連企業が，自動車業界に進出し現在の自動車業界の慣行軌道を変更し，新たな方法で車を製造するイノベーターになり，既存の自動車製造企業群は淘汰・破壊されるかもしれない．

[**自業界を攻める**]
　図1.5で示したイノベーターの典型的イメージでは，業界の外部のイノベーターがその業界を破壊するものとして描かれていた．そして，上記の「他業界を攻める」は，まさにその話であった．
　しかし，この典型例と違って，実は，自業界を攻める場合ということもあり得るのだ．この場合を検討してみよう．
　自業界でイノベーションを企てる場合には，まず，その業界内で行われている他企業との通常の意味での競争との違いを認識する必要がある．その競争とは，一般の経営学が教えるように，主として製品差別化競争，価格競争，集中攻撃競争などで，これらは，結局のところ慣行軌道上での戦いといえるのである．
　したがって，イノベーションを狙おうとする場合には，これら通常の競争を行いつつも，慣行軌道を変更しようとまったく新しい顧客層，ビジネスモデル，基盤技術，共通システム，生産方法などの研究開発をひそかに実施して，そして，それらの成果を一気に導入して同業他社すべての淘汰を企てるべきである．
　上記の話を聞いた多くの企業は，これほどの過激なことにはふみ出せないと躊躇するかもしれない．しかし，そう思ったときは，むしろ，同業他社のほうがひそかにこのようなイノベーションを目指した準備を着々と実施していて，自分のほうが近々淘汰されるかもしれないという心配をすべきときなのかもし

れない.

このようなことまで考えてくると,同業者間での通常の意味での競争より,イノベーションレベルでの競争のほうがはるかに恐ろしいことに気がつくであろう.

たとえば,エネルギー供給業者としての石油業界においては,そのいくつかの企業は石油に替わる新エネルギー源の研究開発への多大な努力を,深く着実に実施しているのである.

[自企業を攻める]

自企業を攻めるイノベーションとは何であろうか.一見考えにくそうではある.しかし,これは,自企業をあたかも別の企業のように変更することを意味する.そして,これはとくに,自企業が業界のリーダーで,そしてその事業が自企業の本流である場合に重要な課題となる.

その本流事業(製品)はいつかは誰かにとって替わられる,つまり,永遠に業界のリーダーでいられるはずがないという自覚がまず重要で,これが自企業イノベーションを企てる場合の大前提となる.

そうして,「どうせ他社に負けるぐらいならば,いっそのこと自社の新事業に負けるほうがまし」という判断を行い,一方では粛々と慣行軌道上の現業を行いつつ,同時に他方では,新しい軌道をみつける企てを社内に起こすべきである.

他社より業界リーダーの自社のほうが慣行軌道に関する情報や欠点などを熟知しているであろうから,この慣行軌道を攻める場合に他社より有利に行えるであろう.こうして,ある日軌道を切り替えるのである.

世の中には,たとえば,10年単位で事業本流を新規なものに変えている長寿大企業もある.

[新たなものを作る]

「新たなものを作る」とは,今までに世の中に存在していなかった新事業や新製品を世に出すことに対応する.これは,「技術先導の顧客創造」(丹羽,2006, pp. 100-106)や「革新的イノベーション」(丹羽,2006, pp. 144-146)とし

て，その基本コンセプトはすでに提案されている．
　その要点だけを簡潔に述べるとすれば，次のようになる．

> 高度技術社会においては，顧客やユーザのニーズを聞くという態度ではすでに遅い．そうではなく，顧客自らも気がついていないが提供されて初めてこれが欲しかったのだと実感する生活機会を提供するアプローチが重要である．このアプローチには，シーズからの出発，コンセプト開発からの出発，未活用技術の発掘と再定義からの出発などが含まれる．

　さて，新たなものの創造に関する詳細な議論は，本書では，第2章の2.3節「新事業進出におけるイノベーションの推進」，および，第4章の4.3節「マーケティングを統合するイノベーション」において行われる．

(3) 破壊と創造をどのように起こすか

　これまで(1)(2)においてイノベーションとは慣行軌道の変更であり，同時にそれは創造的破壊としてとらえられることを述べた．さらに，イノベーションを企てる場合に，イノベーターはどこを攻めればよいのかの議論も行ってきた．
　そこで，次に本項では，イノベーターは実際に創造的破壊をどのような手順で起こすべきか，とくに，破壊が先か，あるいは，創造が先かという側面に焦点を当てて実践的観点からの議論を行う．

(a) 破壊のための創造

　破壊のための創造とは，「既存のものを打ち破りたい」という目的を果たすために，「まったく違う方式で攻めよう」と企てる場合のことである．この図式を表したのが図1.7である．
　これは企業活動の多くの場合にみられる一般的な考え方だといえる．ただし，くり返し注釈することになるが，ここでとりあげるのは，同じ軌道上で既存の競争企業に勝つために一般に経営学が教える競争戦略（差別化，低価格化など）とは一線を画していて，軌道変更，すなわち，イノベーションを狙うものである．

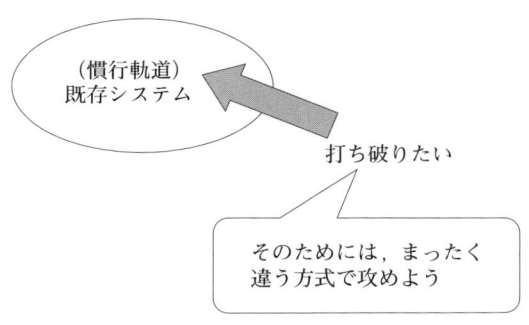

図 1.7 破壊のための創造

　この破壊のための創造の場合，とくに，既存のものをまったく違う方式で攻めるという考え方の基本手順を図1.8に示す．そこに書かれているように，この基本手順の第1ステップは，既存システムの目的とする機能を明らかにすることである．たとえば，Levittがマーケティングの近視眼として用いた大陸横断鉄道の例（Levitt, 1960）では，既存システムとしての大陸横断鉄道が目的とする機能は「大陸内で人や物資を輸送する」ことになる．

　次の第2のステップは，その機能を果たす別の手段を考え出すことである．これは，大陸内での人や物資の輸送の例では，たとえば，航空機となる．

　ところが，実際の大陸横断鉄道の企業は自分の事業領域を「鉄道業」としてとらえてしまい，その目的機能を輸送だと定義する抽象化能力が不足していた．その結果，その目的を実現する他の交通手段まで考えがおよばなかったのだと

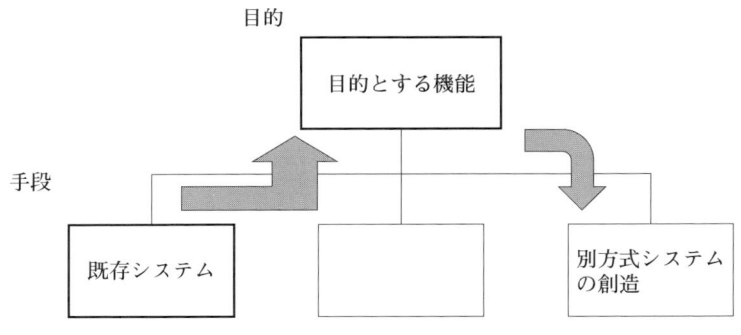

図 1.8 「破壊のための創造」の基本手順

1.1　創造的破壊の基本と実践

Levittは指摘したのだった．

　なお，この基本手順は，今日では一般的な手法である目的‐手段分析の典型例といえる周知のものである．この手順の進め方自体は一般的に理解されやすいので，この手順にしたがって多くの人たちと問題意識を共有して議論を整然と計画的に行うことができるという特徴をもっている．

　ところで，この手順の成否のポイントは目的とする機能を適切に表現できるかどうかにかかっている．しかし実は，先にもふれたが，このためには抽象化能力を必要とするため，いざ自分でこれを行おうとすると，実際には意外と難しいという側面もある．

(b)　創造がもたらす破壊

　前項(a)で述べた「破壊のための創造」は，計画的，あるいは，手順的に実践できるのに対して，本項で検討する「創造がもたらす破壊」はマネジメント上かなりの工夫を要する．

　創造がもたらす破壊とは，何か創造したものが他のものを破壊するということであり，それを図式化すると図1.9となる．

　まず最初のステップは何かの創造である．これは，科学技術上の新発見，新発明，新技術開発などが引き金になることが多いであろう．あるいは，Schumpeterのいう新結合やビジネスモデルの創造なども対応するであろう．

　この創造をいかに効果的に行うかは人類の永遠の課題ともいえるものであるが，現時点においても多くの研究や提案があり，それらは丹羽（2006, pp. 190-202）にも詳しい．その中でも説明されている，思わぬ偶然を生かすというセレンディピティー（serendipity）などもマネジメントの範疇に入れることが大切となる．なお，セレンディピティーについては，本書第2章の2.3節(2)で検討したい．

　第2のステップは，創造したものがどのような既存事業や既存システムを破壊できるのかをみきわめることとなる．

　その例を述べてみよう．RFID（Radio Frequency Identification）タグ，あるいは，簡単に「電子タグ」とよばれる新発明がなされた．これは微小な無線チップによる非接触認証技術として利用され得るものである．この新発明が，どの

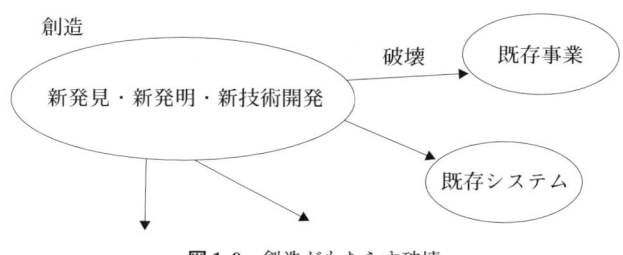

図 1.9 創造がもたらす破壊

ような既存事業や既存システムを破壊できる可能性があるかを考えるのがこの第 2 ステップである．たとえば，次のようなことが考えられる．

・生鮮食料品の流通過程における従来の品質管理の仕事が破壊されるだろう．なぜなら，この電子タグに農作物の生産や，家畜の飼育，魚介類の捕獲などの情報を記録して，生鮮食料品（のダンボールなど）につけて，いつでもその情報を引き出して知ることが可能となるからである．
・国際貿易において，貨物の通関業務の一部が破壊されるだろう．なぜなら，コンテナ内のすべての貨物に電子タグをつけておけば，コンテナの扉を開けずに貨物のチェックが可能となり，さらに，扉の開閉時に発生するかもしれない貨物の不法操作の防止にもなるからである．

　上記の例などは，今日では多くの人たちが知る言わば常識となっていることだが，RFID タグ発明の後で他人よりなるべく早くこのようなことを考え出せることが重要である．
　このためには，科学技術上の新発見，新発明，新技術開発などという事柄が，社会生活やビジネス界のどの分野に関係し，あるいは，影響を与えるかの判断ができる目利き能力が必要となる．そのためには，科学技術と社会やビジネスの両面に通じた人材の育成と活用が鍵となる．

（c）　**別解釈による破壊と創造の同時達成**
　「別解釈」とは，図 1.10 に図式化しているように，既存のもの（物や事柄）を別の視点からみて，別のものとして解釈することである．つまり，あるもの

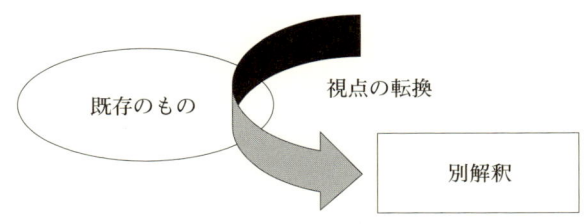

図 1.10 別解釈による破壊と創造の同時達成

に対して，それを今までと異なる価値観から見直して，あるいは新たな別の使用状況を想定して，別の役割や機能を果たすものとしてとらえ直すことに対応する．

これは既存の考え方が捨てられ，そのかわりに新たな考え方が生まれるという意味で，コンセプトレベルでの破壊と創造を同時に起こしているととらえることができる．

この「別解釈」に近いと思われる例として，はがしやすい糊を用いた紙片で付箋紙として現在よく知られている 3M 社のポストイットという商品の，有名な誕生逸話をあげることができよう．つまり，接着性能が悪いので通常の意味での開発に失敗したとしてお蔵入りしていた接着剤を，社内の別の人間が「何度でも付け外しができる物質」として復活させ大ヒット商品にさせた (Kasuga and Niwa, 2006) というものである．

なお，ポストイットの誕生逸話は「ものつくり」とは別の能力である「ものの解釈」が重要となる例を示している．これに関して，認知心理学分野で発明の研究をした Finke (1992) は，その研究成果の 1 つとして，ものを作ることと作ったものを解釈させることを別の人間にさせると，良い発明が生まれることを示唆する実験結果を発表している．

ものつくり至上主義や製造現場主義は，既存のものの持続的な改善のように慣行軌道上にいる場合には重要な戦術であるが，イノベーションのように新たな軌道に向かう場合には注意を要することを示している．つまり，同じものでも頭の中で別のものとして解釈するということが，まったく別の新しい軌道にいくことの 1 つのアプローチになるからである．この解釈能力の育成と強化のためには教育の仕方でも工夫が必要となろう．

(d) 破壊なしの創造

これまで議論してきたように，何か新しいものを創造すると，何か既存のものが破壊されるということは，多くの場合当てはまるであろう．

しかし，創造したものが何かを破壊することをしないで，新しいものを生むということもあり得よう．この場合を若干検討してみよう．

この場合は，(b)項「創造がもたらす破壊」の議論において，第2ステップが異なるものとしてとらえることができる．すなわち，第2ステップで，(既存のものの破壊ではなく) まったく新しいものを世の中に登場させることを考えるようにすればよい．

このような考え方は，Schumpeter の時代にはあるいは難しかったのかもしれない．しかし，今日の高度技術社会では十分にあり得ることであり，むしろ，ここを狙うことが重要ともいえるのである．これは，改めて第2章の2.3節と第4章の4.3節で議論したい．

1.2 非連続変化の見出し方と創り方

本節ではイノベーションをとらえる基本的視点の2つめとして，非連続変化について理解を深め実践に役立たせることを考えたい．

イノベーションは前節で議論したように，基本的には既存のものを破壊して新たなものを創り出すこと，すなわち，創造的破壊であるから，別の見方でいえば非連続変化ということにもなる．そこで，非連続変化ということの基本的な意義をまず確認する．

そのうえで，実践的な観点から非連続と連続との区別は見方によって異なることを明らかにする．したがって，どこに非連続を見出すか，あるいは，非連続をどのように創り出すかという点において，他人と異なる見方や行動をとることの重要性を明らかにする．

(1) 非連続が基本

非連続がイノベーションの基本であることを，本項でも Schumpeter に学ぶ．ついで，本書のタイトルでもある「イノベーション実践論」とは学問的にどう

いう立場であり，どういう意味があるかを明らかにする．そのうえで，実践的に非連続を実現するというアプローチを検討する．

(a) Schumpeter の考え方

非連続ということに関して，Schumpeter (1926, 邦訳（上），pp. 171-180；1950, 邦訳，p. 130) の考え方を要約すると次のようになる．

> たとえば駅馬車から鉄道への変化のような，経済活動の慣行軌道の変更，あるいは創造的破壊が，資本主義発展の源であるイノベーションであり，そして，これは換言すると非連続変化としてもとらえられる．
> 　非連続変化とは，その体系の均衡点を動かすものであって，しかも新しい均衡点は古い均衡点からの微小な歩みによっては到達し得ないようなものである．駅馬車をいくら連続的に動かしても，それによってけっして鉄道を得ることはできないと説明している．したがって，連続変化しか扱えない一般の均衡論的経済学では，この鉄道への移行は扱えないといった．
> 　一方，小規模の小売店から大規模な百貨店の形成過程は非連続変化ではない．これは連続的変化の積み重ねであり，したがって均衡論的経済学で扱うことができるとした．

以上より，ここで Schumpeter の考え方を強引に延長するとすれば，資本主義経済発展の源であるイノベーションは非連続変化であるから，連続変化を扱う一般の均衡論的経済学では扱えないため，イノベーション論ともいうべき別の取り扱いが必要といえるであろう．

(b) イノベーション実践論とは

前 1.1 節では Schumpeter の主張を基にして，イノベーションを起こす，すなわち，イノベーターになるとはどういうことなのか，さらに進んで，どのように創造的破壊を企てたらよいかを検討してきた．とくに，「自分がイノベーションを実践するとしたらどうするか」という主体的立場からの議論に焦点を当ててきた．

本1.2節でも，同じように主体的立場から非連続ということをどうみるべきか，そしてどう対処したらよいのかに関する具体的な検討を次項(2)で行いたい．

　しかし，その前に本(b)項では，イノベーション論の中でも，とくに，イノベーション実践論に着目することの意義を確認し，そのうえで，次項(c)において非連続を実践するときのアプローチを検討しておきたい．

　先にもふれたように，一般的に学問や物事に臨む態度には分析的態度と実践的態度があるといえるだろう．たとえば，理工学の領域では，分析的態度の代表例は物理，化学，生物などの理学（サイエンス）にみられるものであり，それは自然現象（自然法則）はどうなっているかを明らかに（すなわち，発見）しようとするものである．一方，実践的態度の代表例は電気工学，機械工学などの工学（エンジニアリング）にみられるものであり，それは人間に有益なものを創作（すなわち，発明）しようとするものである．

　なお，科学的であるとか科学的方法ということがいわれることがあるが，それは対象を要素に分解して，それら要素の性質を知ることで，要素が集まった全体としての対象を理解しよう（理解した）とする要素還元的方法を指している．したがって，科学的であることを標榜する学問は一般に分析的態度をとっている．

　このような状況で，科学的でない，すなわち，分析的でない実践的態度をとる工学が現代では学問として認知されていることは実は注目すべきともいえる．というのは，いわゆる文科系の経営学の領域では，分析的態度が主流であり，実践的態度の研究は相対的に少ないといわざるを得ないからである．

　しかし，企業とは自然現象ではなく意志をもった人間の主体的行為であることを考えれば，優良な企業を対象にその経営はどうなっているかを明らかにしようとする分析的経営学に加えて，あるいは，同時に，効果的な経営をどのように実現すればよいのかを考察しようとする実践的経営学の充実が望まれるのだ．

　そして，この2つの経営学はお互いに成果を交換しながら，車の両輪のように前進するものだろう．それはちょうど理工学の領域において，物質・材料分野のナノ・サイエンスとナノ・エンジニアリングとが，あるいは，生物分野の

バイオ・サイエンスとバイオ・エンジニアリングとが，すなわち，理学と工学とがお互いに成果を交換しながらともに発展している姿と同じことなのであろう．

とくに，イノベーション論においては，過去の事例がどうなっているのかを明らかにする分析的研究，すなわち，イノベーション分析論にとどまらず，どのようにして効果的にイノベーションを実現したらよいのかを扱う実践的研究の進展が今日強く望まれている．本書はこのような問題意識のもと，イノベーション実践論確立のための第一歩として書かれている．

(c) 非連続に対する実践的アプローチ

それでは，非連続変化を実践的に検討するとは何をすることなのだろうか．これが，問われるべきこととなる．本1.2節「非連続変化の見出し方と創り方」においては，それは次のように考えている．

非連続変化がイノベーションの基本性質の1つであるならば，非連続変化を実現するにはどうしたらよいかを考え出すべきであろう．しかし，それらはすでに前1.1節において，どのようにして新軌道に入るのか，あるいは，どのようにして創造的破壊をすべきかと検討した内容とも重複する部分が多いであろう．そこで，本1.2節ではそれらとは違うアプローチから議論をしたい．それは次のようなことである．

あることが非連続であると考えられると，イノベーターを目指す多くの人たちがそれを狙う行動を起こすであろう．すると，それらの行動は「その非連続を狙うという当たり前の軌道（つまり慣行軌道）」となってしまうのではないだろうか．

そうであるならば，その上のレベルをいく非連続を狙い，そして創り出さなければ真のイノベーターといえないのではないだろうか．これをするにはどうしたらよいだろうか．

逆に，あることが連続であると考えられると，イノベーターを目指す多くの人たちはここを去るであろう．実は，そこにチャンスがあるのではないだろうか．このチャンスをイノベーション実現の場とするには，そこに非連続の場を見出し，あるいは，創り出すことができればよい．これをするにはどうしたら

よいだろうか．

次項(2)において，これらのアプローチ，換言すると，思考論理と行動様式を具体的に検討していきたい．

(2) 非連続の実践的な見方と創り方

本項では非連続を実践的にみるとはどういうことであるかを議論する．この場合の問題意識の根底には，イノベーションとは従来とは違う新しい世界にいくことであるので，いかに従来や他人と違う見方をするかが重要であるという認識がある．

そこで，一般的には非連続とみえるものを，あえて，連続とみるとどうなるか，あるいは，逆に一般的には連続とみえるものを，あえて，非連続とみるとどうなるかを考えてみよう．そして，そのようなことにはどういう意味があるかを検討する．

(a) イノベーションと非連続

先に，1.1節(1)(d)において，イノベーションとはS字カーブの乗り換えだと述べた．たしかに，S字カーブを乗り換えていく図，たとえば，図1.11に書いた最初の2本のS字，すなわち，駅馬車から鉄道（蒸気機関）へと乗り換えていく図を前にすると，イノベーションの核心が表現されている思いがする．ここで，1本1本のS字上での変化が連続変化，S字の乗り換えが非連続変化に対応する．

さて，これからここでは，1.1節(3)(a)で紹介したLevittのマーケティングの近視眼で例にあげられていた鉄道の発展の話を，少し脚色して新たな例題を作り，それを用いて議論を進めたい．

図1.11に示したように，駅馬車から鉄道（蒸気機関）へとイノベーションが起きたとしよう．新たに登場した鉄道（蒸気機関）分野の企業家たちは，意気揚々と新路線を敷設したり蒸気機関車の数を増加するなどして同業者間での競争をくり広げ，その結果としてこの業界は成長していくだろう．図1.11において鉄道（蒸気機関）のS字カーブ上を連続的に上に向かって進んでいる状態である．

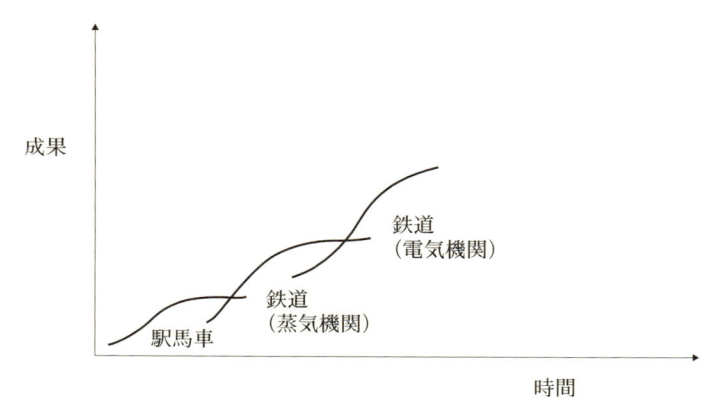

図1.11 非連続なS字カーブ

しかし，このとき次のS字カーブの創出を狙って，たとえば，電気機関車の開発を行うイノベーターを志すことができよう．これは蒸気機関車の改善とは異なる非連続な新しい方式を狙うイノベーションに向かう実践的態度といえる．これは，Schumpeterが述べたイノベーターの姿そのものである．

ここまでは，素朴な基本的な考え方といえよう．

(b) 非連続を連続とみる

上記の(a)項で述べた素朴な基本的な考え方に加えて，さらに，別の見方をここで検討しよう．それは，図1.12に描くように，非連続な複数のS字カーブを包摂する新たなカーブ（図1.12の破線を通るカーブ）を書くという方法である．

図1.12において，包摂する新たなカーブは，駅馬車，鉄道（蒸気機関），鉄道（電気機関）という3種類の機構（物）ではなく，その共通的な機能である「陸上輸送」として1本でみるということに対応する．つまり，非連続な3本をあえて連続の1本としてみるわけだ．

非連続を連続としてみることの利点は，新たに描いた連続なカーブに対して，さらに非連続なものは何かと思考を発展させてそれを創り出せることにある．つまり，もう一段上のレベルのイノベーションに目を向けることが可能となる．そして，たとえば，図1.12の例では，航空輸送を登場させている．この思考

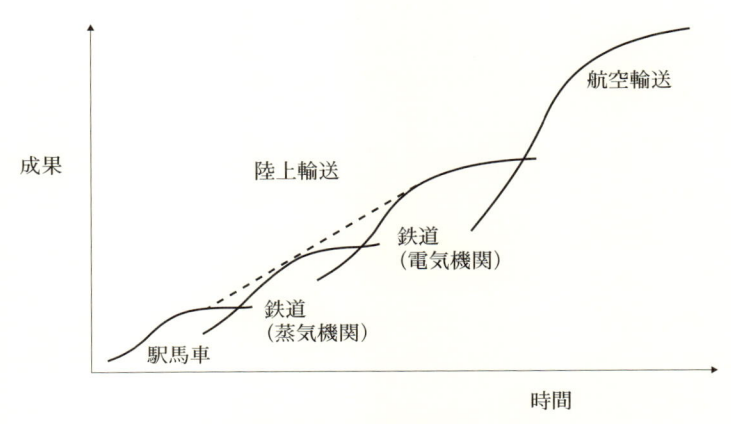

図 1.12 非連続なS字を包摂するカーブを書く

態度と行動様式こそ，他人と異なる世界にいくイノベーションを志向する実践的なものというのにふさわしい．

しかしながら，ここで，上記の話はやや観念的過ぎると，次のような反論が出るかもしれない．それは「航空輸送という考えを先に思いついたから，それ以前の3本をまとめて1本の連続なカーブとして描けるのではないだろうか」というものである．

それでは，イノベーションを起こして乗り換える次のS字カーブの機能（たとえば，航空輸送）がわからないときにはどうしたらよいかを考えてみよう．この場合には，グラフの時間軸を長くとり，さらに目をグラフから遠くに離して，複数の非連続カーブを無理やりでも連続としてみるようにする．そして，その連続カーブは何であり得るか，その連続カーブと非連続をなす次のカーブを創るとすればそれは何であり得るかと，思考を巡らすことを試みるのも1つの方法であろう．

ここで大切なことは，一般に，あるいは，多くの人たちに非連続としてみられていることを，あえて連続としてみると，もう一回り大きなイノベーションを狙えるかもしれないという自覚と，それに基づいた行動が重要だということである．

(c) 連続に非連続を見出す

次に，先の(b)項とは逆の方向の検討をしてみよう．それは連続の中に非連続を見出すということである．

連続の中に非連続を見出すとは，図1.13に描いたように，大きな1つのS字カーブの中に，小さなS字カーブの乗り換えを見出す，あるいは，創るということに対応する．

このような構造は生産方法の改善の場面で多くみることができる．たとえば，半導体製造という1本のS字の中に，生産方式A ⟶ 生産方式B ⟶ 生産方式Cというように，それぞれが異なった原理に基づいたまったく別方式の生産方法の3本のS字があり，その乗り換えが存在しているというものである．

そもそも，3本のS字ではなく大きな連続の1本としてみえてしまい，あるいは，書いてしまっているということは，たとえば，次のような原因があると考えられる．

- もともと，見方が大雑把すぎた．
- 当該分野の外部の人間の目には違いがわからなかった．
- 半導体を作るという同じ用途のものだから，区別する動機づけがなかった．
- 3本とも同じ人間（部署）が実施している方式なので，区別せずに1本としてみてしまった．

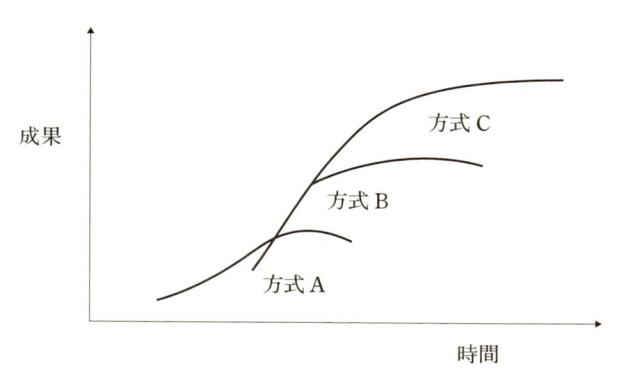

図1.13 連続の中に非連続の乗り換えを見出す

・方式 A，B，C の変更による実際の改善を大したものとは思わなかった．

　上記の例をみると，各々についても検討すべき興味あることがらが存在していることに気がつくであろう．しかし，個々に対するこれ以上の具体的検討はここでは割愛し，本書が本項(c)でもっとも着目すべきと考える点に集中したい．それは，次のようなことである．
　連続に非連続を見出すとの見方は，イノベーション実践という観点からどういう意義あるのだろうか．これがここでの中心課題である．それは，

・S字カーブを伸ばす（成長させる）には，小さなS字を付け加えよ

すなわち，

・同一軌道の規模の拡大（すなわち，成長）のためには，イノベーションを行え

といえる，ということである．
　ここは1つの大きな盲点ともいえる．つまり，同一軌道内の成長（これはイノベーションでない）のためには，一般的に考えられるように，その軌道内でのこつこつとした地道な改善の積み重ねではなく，むしろ，イノベーション（たとえば，方式Bから方式Cへの軌道変更）を行えといっていることを意味するからである．
　上記の説明はかなり逆説的であるだけに，イノベーション・マネジメントの実践にとって，十分に注意を払う必要のあるところといえる．そして，これは，第2章「企業におけるイノベーションの効果的実践」の2.2節で検討することになる「既存事業改善におけるイノベーションの推進」の議論へとつながることになる．

1.3　個人と組織のイノベーション

　本節ではイノベーションをとらえる基本的視点の3つめとして，個人と組織を扱う．

これまでイノベーションの担い手をイノベーターとよんで議論してきた．本節では，まず，このようなイノベーターは個人の創造的はたらきが基本であることを確認する．

しかし，同時に，今日の多くの場合イノベーションは組織活動によって生み出されていることに目を向ける必要がある．そこで，本節では企業などの組織がイノベーションを実現する際における，個人と組織との関係を議論する．

とくに，マネジャーの果たす役割の重要性を検討し，組織が起こすイノベーションのあり方を議論する．

(1) 個人が基本

イノベーションを起こすイノベーターは個人的なはたらきが基本となる．そこで，この点について，Schumpeter の考え方をまず確認する．ついで，個人のどのようなはたらきがイノベーションにつながるのかを検討する．

(a) Schumpeter のイノベーター像

これまで，イノベーションへの道とは慣行軌道とは異なった軌道にいくこととか，従来の延長でない非連続な世界を目指そうとすることであると議論してきた．そして，Schumpeter はこれを行う人を企業家（アントロプルーナー）といったが，本書ではこれを便宜上イノベーターとよぶことにしたと 1.1 節(1)(c)で述べてきた．

それでは，Schumpeter (1926, 邦訳, pp. 245-246) が描くイノベーター像を再確認してみよう．要約すると，彼は，

> イノベーションを起こそうとする動機は私的な帝国（王朝）を建設しようとする夢想と意志，闘争に勝つ勝利者意志，さらに，創造の喜びである

という趣旨のことを述べている．ここで，彼はビジネス分野での帝国（王朝）をイメージしていると思われる．

それに加えて今日の高度技術社会では，技術的な夢の実現も大きな要因になっていると考えられる．実際に，大学の研究室の大学院学生や研究員，あるい

は，企業研究所の若い技術者の中にその姿を見出すことができる．彼らは自分の理論体系や技術体系を建設しようとする夢をもって，世界の研究者との競争に勝とうとする強い意志で，独自性の高い研究成果を生み出そうと努力しているのだ．

また，本書で2度目の引用であるが，Schumpeter (1926, 邦訳, pp. 223-226) はイノベーターがイノベーションを起こそう，つまり，慣行軌道を変更しようとするときの場面を，要約すると次のように記述している．

> 軌道外に出ると，決断のための与件や行動のための規則がなくなる．したがって，推察と洞察で，計画を練らねばならない．しかし，慣行軌道の計画に比べれば，質的量的に大きな誤謬を含むだろう．このような計画を練るとき，自分の胸中においてすら慣行軌道の諸要素が浮かび上がり，成立しつつある計画に反対の証拠を並び立てるようになるだろう．これを克服するには，日常的必要を超える大きな力の余剰を前提に，意志の新しい違った使い方が必要となる．

これを読むと，たしかに，新しい道を切り開くイノベーターの姿が目に浮かぶ．そこでは，夢や野心に加えて，大きな不安や恐れも同居している．この道を進むには覚悟と忍耐と勇気が必要なのだろう．そして何よりも，イノベーションとはこれまでにない新しい世界にいくわけだから，他人と異なる創造性の発揮が重要となるのだ．

そこで，次項(b)で個人の創造的はたらきに関する検討を行う．

(b) 個人の創造的はたらき

イノベーションは非連続的にこれまでと違う新しい世界を狙うことだから，人間個人の創造的はたらきが基本となる．

Schumpeterはビジネス分野での個人の創造的はたらきを，新結合という観点でとらえて前述（1.1節(1)(b)）の5つの場合（新製品の開発，新生産方法の開発，新市場の開拓，新資源供給源の開拓，親組織の開発）をとりあげた．これらに加えて，今日のわれわれは，先に指摘したように，全社的新マネジメント方法

の開発と,科学技術分野での新要素開発(発明・発見)の2つの場合における創造的はたらきも考える必要がある.

それでは,個人の創造的はたらき,あるいは,創造性とは何なのであろうか.これに関する研究は古くから膨大な量の蓄積(たとえば,丹羽,2006, pp. 190-196)がある.ここではその中から,次のようなAmabile (1998)の主張に注目したい.

> 個人の創造性は次の3つの要素で成り立っており,それらはマネジメントの対象にできる.それらの要素とは,
>
> ① 専門知識
> ② 動機
> ③ 創造的思考力

である.

Schumpeterは②と③に焦点を当てたと考えればよいだろう.科学技術上の発明・発見ではさらに①も重要となろう.したがって,イノベーターになるには,このような主体的で能動的なはたらきや能力を個人個人は強めることが必要であろう.

ここで1つ付言すべきは,上記のような主体的態度に加えて,セレンディピティーの存在への留意も必要であるということである.これについては,本書では,第2章の2.3節で検討を加える.

なお,異分野チームのように異なる複数の人たちとの協同が創造的な成果実現にとって重要との議論もあるが,この場合においても,その前提として,優れた創造的個人が集まる必要があるとの指摘(市川,1996, pp. 85-86)に十分注意すべきであろう.

以上を考えてみると,イノベーションを起こす基本は個人の創造的はたらきといえるのである.

(2) 組織（マネジャー）によるイノベーション

前項(1)では，イノベーションを実現するための基本は，個人の創造的はたらきであると述べた．しかし，今日イノベーションを起こす実質的主体は，組織体としての企業であることが多い．そうなると，ここでいう組織（企業）と，前項で基本であるとした個人との関係はどのように考えたらよいのであろうか．

そこで本項では，従来は十分には議論されてこなかった組織によるイノベーション，とくに，マネジャーのはたらきや組織運営のあり方を検討する．これを検討するにあたり，異端児といわれる優れた技術者が，組織の中でどのように扱われるべきなのかという課題に光を当ててみたい．

(a) 異端児は変わらぬ確信犯

これまで前項(1)で，慣行軌道から新しい軌道へ変更していくという，創造性に富みさらに勇気のあるイノベーターの姿を描き，その重要性を中心に議論してきた．

この議論を単純に延長して，マネジメントのあり方を模索しようとすると一般的には次のようになるだろう．それは，いかに創造力のある個人を確保し，可能ならば育成し，そして彼らにはたらきやすい環境を与えて困難なイノベーション（軌道変更）を志向させるか，そして，このようなはたらきと仕組みを支援するマネジメント体系をいかに構築するかの検討を行うことである．実際に，このような観点からの議論は，すでに多くされている（たとえば，丹羽・山田，1999）．

しかし，その一方で，これとは異なるパターンも多く存在する．ここではそれを，とくに，優れた異端児が生むイノベーションを例にとり検討したい．

後に，これこそイノベーションだといわれることになる科学技術上の偉大な研究開発は，それが画期的であればあるほど，特別な個人が大きなはたらきをしていることが多い．このような特別に優れた人たちの中でも，世の中で名前が記憶されるような人は，しばしば，異端児とよばれていることが多いのに気がつく．異端児とは，周りに迎合せず自分の信念を貫く人であり，その道一筋という人たちのことである．

そうなると，ここに大きな疑問が生じる．それは，Schumpeter のいう「軌道変更」はどこで起きているのか，ということである．異端児はその道一筋の確信犯であって，軌道変更は行っていないのだ．これは，いったいどう考えればよいのだろうか．

ここで考えなければならないのは，この異端児の上司であるマネジャーの存在とはたらきである．このことを次項(b)で注目してみよう．

(b) マネジャーによる軌道変更

異端児がそのようにいわれるのは，その組織（企業）において本流とか正統派といわれるものが存在するからである．本流がないところに異端はないのだ．そして，本流が現在のその企業を支えているから，そのおかげで異端児が生存できるということを，まず，再確認する必要がある．

さて，異端児の仕事が後にイノベーションだといわれるためには，その仕事が忘れられ埋もれることなく，組織（企業）のやり方として採用されなければならない．これを決定するのが，彼の上司のマネジャーの役割である．このマネジャーが従来の本流のやり方から，異端児のやり方にリスクを負って変更すると決定しているのだ．

つまり，軌道の変更はこのマネジャーが行っていると考えるべきなのである．この意味で，マネジャーがイノベーターということになる．一方，マネジャーがこの軌道の変更，つまり，異端児のやり方の採用を行えなかったばかりに，この異端児のやり方が日の目を見ずに終わるということもしばしば起きている．このように，マネジャーの意思決定が企業のイノベーションにおいて非常に重要な役割を果たしていることを，改めて確認すべきである．

たしかに異端児は必須であり，これがなければ物事ははじまらない．しかし，それだけでなく，むしろ，それを認めて採用する能力と決断力のあるマネジャーの存在が企業イノベーションの隠れた，いや，むしろ実質的な立役者ともいえる．

逆にいうと，マネジャーは，いわゆる中間管理者として事務的なとりまとめをするだけにとどまらず，実は自分こそがイノベーターであるのだという自覚をもつことが必要である．

しかし同時に，企業イノベーションを継続させるためには，個々のマネジャーの資質や意志だけに頼るのではなく，むしろ，次に述べるような組織のマネジメント体系の確立が必要となろう．

(c) **多様性の確保と的確な選択：CTO の役割**

企業イノベーションの継続的な実現を狙うならば，研究開発や事業・製品企画の場における多様性の確保がまず必要となる．つまり，現在の本流の他に，将来の芽の可能性をもつ他の方式をいくつか（できればいくつも）もっていることが必要となる．

なお，本流と他の方式との割合をいかに考えるべきか，あるいは，両者の担当者の動機づけをどう調整し鼓舞すべきかなどの課題は，第2章，とくに，2.4節において詳細に検討する．

よくいわれる「選択と集中」のスローガンのもと，研究開発や事業・製品企画の場においても，多様性が排除される傾向がしばしばみられるが，これは，目標が明確なキャッチアップ（物まね）段階の企業ならばともかく，少なくともイノベーションを志向する企業では陥ってはならない初歩的な間違いといわざるを得ない．

選択と集中の経営判断ができるための前提状態，すなわち，多様性がある状態を少なくとも入り口（研究開発と事業・製品企画）の場で作っておくことが先決である．

ついで，本流から新しい方式への有効な軌道変更（S字カーブの乗り換え）の意思決定ができるマネジャーの育成と配置が必要である．この場合のもっとも重要なポイントは，将来の発展の可能性のために，現在の立場をあえて一時的に犠牲にするという決定をマネジャーができるように，それを後押する体制の整備や確立である．とくに，そのようなマネジャーを，正しく評価し処遇する人事体系の構築が中心課題である．

上に述べた2つの事柄，すなわち，多様性の確保と，イノベーターとしてのマネジャーの配置と支援は，さらに上のレベルがかかわる技術戦略，とくに，技術組織の構築と運営での重要な課題といえる．

それは，CTO (Chief Technology Officer：技術最高責任者) が行うべき責務を負

っている課題である．つまり，CTOは下から上がってきたものをみて，良いものを選定しようとするのではなく，良いものが上がってくるようなマネジメント体制を構築することが本来の仕事となる．そしてこれは，企業イノベーションの成否を決めるのに決定的に重要な要因といえる．

～議論のための課題～

(1) 「イノベーションとはS字カーブの乗り換えである」と表現できることを述べた．そこで，あなたの知っている実例と，あなたが想像する空想の例の各々の1つずつについて，S字カーブの乗り換え図を書きなさい．
　(1-1)　実例のS字カーブの乗り換え図．
　(1-2)　空想のS字カーブの乗り換え図．

(2)　上記2つの各々について，あなたが書いた複数のS字カーブを，もし仮に連続した1本のS字カーブとしてみると，
　(2-1)　その1本のS字カーブは何を表すことになるか
　(2-2)　その1本のS字カーブの次に，乗り換えるべきS字カーブを書くとすると，それは何を表すことになるのか
　を議論しなさい．

(3)　ある業界でのやり方を他の業界に持ち込むと，そこでイノベーションを起こせるかもしれない．そこで，
　(3-1)　世の中を見渡して，このようなことが起きそうな例を見つけ出しなさい．
　(3-2)　あなた（の企業）のやり方を持ち込むと，イノベーションを起こしそうな業界をあげて，これを説明しなさい．
　(3-3)　他の業界のやり方をあなた（の企業）に適用すると，イノベーションが起きそうな例を考えなさい．

(4)　イノベーターとしてのマネジャーとは，どういうことなのかを議論しな

さい．

(5) あなたが企業のトップになったとしよう．イノベーションを促進するためにはどのような経営をすべきなのかを議論しなさい．

第2章

企業における
イノベーションの効果的実践

　本章では，既存企業でイノベーションをどのように企画し開始したらよいのか，その実践的な取り組み方を述べる．

　まず，とくに優良企業でイノベーションを企てようとすると必ず発生する問題，すなわち，既存事業と新規事業部門間の軋轢の有様を述べ，その原因を明らかにする．

　ついで，そこからの脱出法として，既存事業と新規事業の両者におけるイノベーションの必要性と，そのための効果的なマネジメントのあり方を述べる．

　さらに，企業の持続的発展のために，既存事業と新規事業に対するイノベーション投資のバランスを図るポートフォリオ戦略を検討し，あわせて，国の支援政策のあり方についてもふれる．

2.1 イノベーション開始時に陥る袋小路からの脱出

本節では，既存企業でイノベーションを起こそうとすると総論では賛成であったのが，いざ実施の段階に入ろうとすると沸き起こる賛否の議論のために，袋小路に陥り，結局は先に進まなくなってしまう状況が多いことを述べる．その主な原因は既存事業部門と新規事業部門との軋轢にある．

ついで，その袋小路からの脱出のための考え方とアプローチを提案する．その要点は，既存事業と新規事業の両輪性（車の両輪のように両方が必要ということ）と相互依存性（両方の存在はお互いに相手に依存すること）の確認を行い，それを土台に，それぞれに対して有効なイノベーションを狙おうとするものである．

(1) イノベーション議論の袋小路

本項では，イノベーションを実施するというと総論では賛成であるが，いざ，その内容と進め方を具体的に議論しはじめると，既存事業部門と新規事業部門の両当事者からの反発が表面化し，その結果，袋小路に陥る現実が多いことを述べる．

(a) イノベーションの総論賛成

今日，イノベーションという言葉は，世界中のいろいろなところで頻繁に使われている．

国のレベルでもそうだ．たとえば，米国では競争力協議会（Council on Competitiveness）の報告書（2005）には，「イノベーティブ・アメリカ」というタイトルをつけ，「イノベーションは21世紀のアメリカの成功を決定づける唯一のもっとも重要な要因となろう」と述べられている．そして，米国産業のイノベーション促進を支援するために，連邦政府がなすべき多くの政策を提言している．

さらに，2009年からのオバマ政権でも，経済危機や地球環境問題に対処するために，イノベーションが重要視されている．同じように，日本，EU，ロ

シア，中国などの多くの国においても，国家の発展や，産業の維持・回復と次の発展のために，イノベーションの重要性と必要性が強調されている．

これらの国において，イノベーションは不要であるとか，あるいは，間違っているという政策議論は事実上起きていない．「イノベーションは必要でこれを行う」という大枠では異論は出ないのだ．このように，イノベーションとはまるで魔法の力をもっている言葉のようだ．

企業でもほとんど同じ状況といえる．多くの企業が外部に発表している企業方針のほとんどに，難局を乗り越え社業の発展のためにイノベーションを力強く進めるとの表現が決まり文句のように登場している．また，テレビに流される企業コマーシャルでも，「……のイノベーション」「イノベーションの……」と企業名にイノベーションという単語をつなげた標語が目立つ．これはイノベーションの必要性を認識していることに加えて，これを行っているというと企業イメージが上がるという状況があるためであろう．

個々の企業の内部においても，イノベーションという言葉はいたるところで頻繁に出てくる．たとえば，全社的な長期戦略会議や製品企画会議などで，「イノベーションが必要でこれを行いたい」という発言が出ると，この方針に反対する者はなく，したがって，会議はそこで何の問題もなく終わることになるという．何をするにも，この魔法の言葉であるイノベーションといえばよいのだ．

(b) 既存事業からの反発

企業内の全社的な戦略会議などで決まったイノベーションのはずだが，いざそれを具体的に進めようとすると，思わぬ事態となってしまうことが多い．その代表的な様子を以下にみてみよう．

多くの企業では，重要なイノベーションを効果的に推進するために，全社的な組織としてイノベーション推進本部などという部門の設置がしばしば行われる．全社から優秀な人材を集めて組織したこの部門は，教科書や論文などの調査や，勉強会の開催などを通して「イノベーションとは今までにない新しいことを行う企てである」ことなどを確認する．さらに経営トップ層に接して，彼らのイノベーションに対する熱い思いや期待の大きさを肌で感じることができ

る．こうして，このイノベーション推進本部はその全精力を注いで，イノベーション推進の方針や進め方の青写真を描くだろう．

そして，その青写真を社内の全部門に対して説明する段階となる．多くの場合，それを次のような説明，すなわち，

> イノベーションとは，S字カーブを乗り換えるような新規の事業や製品のことで，わが社は飛躍的な発展のために，全力をあげてこの実現を目指したい

で開始するだろう．

すると，途端に，既存事業を担当している部門から反発が出てくる．彼らはおおよそ次のようにいうのだ．

- 新規製品開発や新規事業進出だけなのか（なぜ，既存製品や既存事業を無視するのか）．
- 既存製品や既存事業の地道な改善も重要で，それにも，イノベーションは必要なのではないか．
- 儲からなくては意味がないのではないか（新規の事業や製品はすぐには儲からない）．

このような反発の言葉を聞いたイノベーション推進本部にしてみても，いわれてみればなるほどもっともと思える部分はたしかにある．しかし，だからといって，せっかくイノベーションを目指そうと全社的に決めて意気込んでいるのだから，彼らの言い分をすべてそのまま認めるわけにはいかない．このようにイノベーション推進本部は思うのだ．

上記のように，イノベーションをいざ実際に一歩進めようとすると，既存事業関係者の不満を募らせ，全社的なベクトル合わせが困難な事態になる．いや，実際問題として，現在の従業員のほとんどは既存事業を行っているわけだから，企業内の実にほとんどの人たちの反発を買うという状態となってしまうことが多い．

このような状態に直面したとき，あるいは，このような状態が予想されるとき，イノベーション推進本部は次項(c)のように行動を進めることが多いのだ．

(c) 成果重視の落とし穴

前項(b)で描写したように，現在の従業員の多くが新規の事業や製品を志向するイノベーションに反発を感じている状態でイノベーション推進本部が取り得る手は，次の2つであろう．

① 経営トップの意志が強固であることが確認できれば，トップのリーダーシップを前面に押し出して，先に決定したイノベーションの青写真の説明を進め，その工程を強力に先に進める．
② 従業員のほとんどが反発をもつ内容を強行するわけにはいかないということで，別のアプローチを考えてみる．

この場面では，経営トップの意志とマネジメントスタイルが非常に大きな影響力をもっている．しかし，今日の多くの日本企業では，トップのリーダーシップはそれほど強くない．そして，イノベーション推進本部の多くは，②へ進まざるを得ないという状況にある．

こうして，イノベーション推進本部はその関係者で議論を重ね別のアプローチを考案して，社内の全部門に対して再度の説明会を開催する．まずは，「出直してきた」といって，次のようにイノベーションの定義を変えたというであろう．

> イノベーションとは，(改善でも新規でもよいが) 画期的な売り上げや利益を生み出すものであり，これを狙いたい．

これは，Schumpeter (そして，本書) の定義するイノベーションではないが，今日，経営学者の一部には「イノベーションとは画期的な成果を生み出したものである」との主張があるので，上記のように困った状態に追い込まれたイノベーション推進本部は，ちょうどよいとばかりにこの考え方を採用するという

ことが多いのだ．

つまり，画期的な売り上げや利益を出すことを狙うといえば，だれも正面切って反対はできないのだ．実は，次に述べるように，ここに大きな落とし穴がある．

慣行軌道を走っている既存事業部門は，「画期的な売り上げと利益」を目指すといって，その既存事業のさらなる成長のために，種々の企てを意気揚々と提案し，そして強力に推し進めようとするだろう．そして，全社にあたかも力がみなぎってくるように感じられる．このこと自体は非難すべきことではない．現在の事業を発展させることは組織の第1の使命だからである．

しかし，その一方で，新しい試み，とくに，軌道を変更しよう（すなわち，本来のイノベーションをしよう）とする試みは事実上姿を消してしまうだろう．新しい試みはすぐには画期的な売り上げや利益を生み出しにくいからである．とくに，新規事業進出と既存事業改善の提案に対して同じ基準（たとえば，売り上げ高，売り上げ高利益率など）でその採否が判断されると，新規事業進出提案が生き残ることは至難の業となる．

そもそものはじまりは，イノベーションが必要といって新しい企て（新規事業や新製品など）を志向したはずなのに，成果を重視するといった途端に新しい芽は摘みとられてしまう．

(d) 袋小路の現実

これまで (a)(b)(c) で述べてきたことをまとめると，おおよそ次のようになろう．

① 「イノベーションを行う」は総論賛成．
② しかし，「イノベーションとは何か」「何をすべきか」の具体的議論をはじめると先に進まない．つまり，本来の意味のイノベーション（S字カーブの乗り換え）を実行しようとすると，既存事業部門の反発に遭い，イノベーションの試みは頓挫する．
③ 上記②を打開しようと「イノベーションは画期的成果（売り上げや利益）を出すもの」と方針を転換すると，結果的に本来のイノベーションは消滅

する.

　企業の飛躍を目指して，あるいは，苦境からの脱出を目指してイノベーションを行おうとするのだが，いざ，実際にはじめようとすると，このように袋小路にはまり込んでしまうことが多いのだ．皮肉なことに，現状維持（慣行軌道のまま）を願うなら，「イノベーションを行おうといえ」とすらいいたくなる状況が残念ながら多くの企業の現実といえよう．
　それでは，どのようにしてこの現状から脱出すればよいのだろうか．次項(2)においてこれを検討しよう．

(2) 袋小路からの脱出アプローチ

　本項では前項(1)で述べたイノベーション議論の袋小路から脱出するアプローチを提案する．
　この袋小路は基本的に既存事業部門と新規事業部門との軋轢から生じた．それはどちらか一方を選択せざるを得なくなる状況に追い込まれてしまったことに起因する.
　そこで，まず，既存事業と新規事業の両輪性と相互依存性を再確認することが，袋小路からの脱出を狙う本アプローチの土台となる．そのうえで，両者にはそれぞれ特有のイノベーションが存在することを理解することが重要となる．

(a) 既存事業と新規事業の両輪性と相互依存性の確認

　同一企業内の既存事業部門と新規事業部門との軋轢に起因する袋小路，すなわち，どちらか一方を選択せざるを得なくなる状況から脱出するために，まず，両事業はともに重要であることを再認識すべきである．さらに，車の両輪のように両者がともに存在することが必要であるという，いわば，もっとも初歩的な原則の再確認が第1ステップとなる．
　この第1ステップである既存事業と新規事業の両輪性の要点をまとめると図2.1となる．図2.1に示すように，既存事業は現在の企業を支え，さらに，その収益から将来の新規事業投資への原資を与えるという役割を果たす．また，新規事業は明日の企業を支え，さらに，既存事業に対してはその進むべき道標

> 既存事業の役割は
> ・現在の企業を支える
> ・新規事業投資の原資を与える
> 新規事業の役割は
> ・明日の企業を支える
> ・既存事業に方向性を与える
> 企業の持続的発展のためには両者が必要

図2.1 既存事業と新規事業の両輪性

を与えるという役割を果たす．そして，もっとも重要なのは，企業が現在も将来もあるという持続的発展のためには，この両者の存在が不可欠ということである．

上記に加えて次の第2ステップとして，お互いにお互いのおかげで自分の事業が可能となっているということ，すなわち，相互依存性を理解することが必要である．図2.2に，その要点を示そう．先にもふれたように，企業の持続的発展のためには，現在と将来の両方を視野に入れた経営が必要である．この場合，新規事業計画がしっかりと存在しているおかげで既存事業部門は安心して現在に専念できるのだ．また，既存事業が確実に利益を生み出してくれているおかげで，ただちには利益を生まない新規事業が計画でき，そして着手して実行することができるということになる．このようにお互いのおかげでそれぞれは存在できるのである．

> ・新規事業計画が存在しているおかげで，既存事業部門は安心して現在に専念できる
> ・既存事業の利益のおかげで，新規事業が計画でき，そして着手・実行できる

図2.2 既存事業と新規事業の相互依存性

以上で述べた既存事業と新規事業の両輪性と相互依存性はきわめて当たり前のことではある．しかし，現実の企業においては，一般にマネジャーや従業員の所属は既存事業部門と新規事業部門とに分断されていて，しかも，彼らの想像力の欠如もあって，自部門こそが自分の企業のために大切であり，相手は自部門の十分な活躍の足を引っ張る邪魔な存在としてさえ位置づけてしまうこと

が起きている．したがって，この偏狭な意識から脱皮することが必要となっているのだ．

このような基本的原点の再確認と理解は，これから本書で述べる次の段階に進むための土台となる．

(b) 既存事業と新規事業でのイノベーション

既存事業と新規事業の両輪性と相互依存性が確認されると，次はこの両者においてそれぞれ特有のイノベーションがあり得ることを理解する段階へと進む．というのは，本章で提案しようとしているアプローチの基本的考え方は，ともに大事である既存事業と新規事業とで，それぞれイノベーションの実施を企てようとするものだからである．

この基本的な考え方は，次のようにして生まれた．

既存事業と新規事業とに分けて，それぞれにイノベーションを考えようとするのは，実は理論的ではない．第1章で，連続（既存事業に対応）の中に非連続（イノベーション，あるいは，新規事業に対応）を見出すとか，非連続（新規事業）をあえて連続（既存事業）にみることの有効性の議論をした．このように，何を既存とし，何を新規とするかは見方や目的によって異なり，しかも，なるべく他人と違う見方が大切であると述べてきた．つまり，いたるところでS字カーブの乗り換えであるイノベーションを実現することができるのである．したがって，既存事業と新規事業というように固定概念で対象をラベル化して，それに集中して別々に考察をするということは理屈上は危険な扱いともいえるのだ．

しかし一方，本章でこれまで述べてきたように，現実の企業でイノベーションを企てると，そこでの組織が既存事業部門と新規事業部門に対応するように便宜上分けられていて，それが原因でイノベーション議論の軋轢が生じてイノベーション開始の試みが袋小路に陥っていくという状況が頻繁にみられるのである．したがって，実践的立場からこの袋小路を打破する目的のために，

・イノベーションの総論賛成
・既存事業と新規事業の両者必要性（両輪性と相互依存性）

を再確認したうえで，既存事業と新規事業の両事業でそれぞれイノベーションの実現を企てようというアプローチを考え，提案することにしたのである．

(c) 既存事業と新規事業の場合分け

前項で述べたアプローチにしたがって，次の2.2節では既存事業でのイノベーション，さらに2.3節では新規事業でのイノベーションのあり方について各々検討したい．

このような検討を効果的に進めるために，その準備段階として本項において既存事業と新規事業の場合の各々について，さらにいくつかの場合分けをしておきたい．

既存事業の場合とは，イノベーションを考えるのであるから当然のことではあるが，単に既存事業をそのまま同じように続けるのではなく，既存事業を改善する場合ということになる．このとき，その改善が目標とすべき仕様（機能や性能）がほぼ明確な場合（改善1）と，その目標が不明確な場合（改善2）に分けて議論する．

次に，新規事業に進出する場合は，革新的構想を主体的に立ててそれを実施する場合（新規1）と，偶然性を活用するというセレンディピティーの場合（新規2）の2つに区別して検討する．

以上を簡単に図示したのが図2.3である．

```
既存事業改善の場合
    （改善1）  目標仕様がほぼ明確な場合
    （改善2）  目標仕様が不明確な場合
新規事業進出の場合
    （新規1）  革新的構想の場合
    （新規2）  セレンディピティーの場合
```

図2.3 事業の場合分け

2.2 既存事業改善におけるイノベーションの推進

既存事業を改善しようとする際のイノベーションはどのような分野にあり得るか，そしてそれは何であるか，さらに，それをマネジメントするとはどういうことなのかを検討する．

これを，先に設定した既存事業改善の2つ，すなわち，目標仕様がほぼ明確な場合と，それが不明確な場合に分けて検討しよう．

(1) 目標仕様がほぼ明確な場合

本項では，まず，既存事業改善の際に目標仕様がほぼ明確であるという場合が，多くの分野に当てはまることを述べる．

ついで，このような場合でのイノベーションは，目標仕様を満たす製品（や事業）を効果的に作ることができる新しい生産方法を開発することを目的として，大胆な試行錯誤を行う場面にみられることを指摘する．さらに，このような試行錯誤によるイノベーションの実現を支援するマネジメントのあり方を検討する．

(a) 目標仕様が明確とは

既存事業を改善しようとするとき，その改善が目標とする仕様（機能の項目とその性能の値）をまず決めようとするであろう．しかし，これが容易な場合とそうでない場合とがあり得る．本項(1)では前者を，次項(2)では後者を扱う．

本項で扱う，改善の目標仕様が明確な場合とは，たとえば，

> 同じコストで既存製品より体積が50％小さく，エネルギー効率が30％高い製品を作る

などのように，目標とする機能（上記例では，体積とエネルギー効率）とその性能の値（上記例では，既存製品より50％小さい，既存製品より30％高い）が設定できる場合である．

```
重化学工業
    開発に時間がかかるので,改善方向が予想できる
製薬分野
    病気治療という目標が明確
材料開発分野
    要求される材料の機能・性能は明確な場合が多い
```

図 2.4 既存事業改善の場合で目標仕様がほぼ明確化できる分野例

　このように改善すべき目標仕様がほぼ明確に設定できることが比較的容易,あるいは,一般的な分野はかなり多い.

　まず,国や産業の発展段階の視点からは,それがキャッチアップの段階においてはこれに当てはまるだろう.先進諸国の製品仕様をもとに,その改善を企てることが可能だからである.

　次に,フロントランナー段階の国においては,図 2.4 に例示するような分野で,事業や製品の改善の場合に目標仕様をほぼ明確に設定することができると考えられる.たとえば,エネルギー開発や半導体産業などのような重化学工業の多くの分野では,一般に開発には長い時間がかかるので,改善は計画的に目標仕様を決めて段階的に行われている.製薬分野では病気治療という明確な目標のもと,たとえば,病原菌をどういう状態でどの程度死滅させるかなどの目標仕様は明確化されている.材料開発の分野でも要求される材料の機能・性能は明確な場合が多いといえよう.

(b) 生産方法のイノベーション

　既存事業や既存製品の改善で,しかもその改善目標仕様がほぼ明確に設定できる場合であるので,ここで努力を集中すべき対象は当然ながら,目標を達成するための生産方法の効率化である.つまりイノベーションを狙うとすれば新生産方法の開発ということになる.これは先に第 1 章 1.1 節 (1) で述べた Schumpeter のイノベーションの 5 つの場合では 2 番目に対応する.

　ところで,既存製品の改善のための生産方法の効率化といえば,たとえば,生産ラインの個々の装置の改善や,ラインの配置の変更や,用いる部品種類の

削減など地道な作業がただちに思いつくであろう．実際のところ，このような生産方法の地道な改善は，何もことさらイノベーションなどといわなくとも日々実行されていることである．

そのような中で，ここであえてイノベーションとよばれ得るものを狙うとすれば，目標とすべき製品仕様を達成でき，同時に従来生産方法に比べて，生産コストを画期的に下げる新しい生産方法の開発ということになる．地道な努力の積み重ねで削減できるコストよりも一桁も効果が高く，従来方法の単なる改善程度を行っているであろう他社すべてを淘汰できるレベルを狙うことに，ここでイノベーションを行うことの意味がある．

それでは，どのようにこれを行うか．これが問われるべき課題である．これに対する1つのアプローチはすでに第1章1.2節(2)(c)において「連続に非連続を見出す」として提案していた．

その要点は次のようである．同じ事業や同じ製品の改善は1本のS字カーブ（慣行軌道）上での成長活動ととらえることが普通ではあるが，しかし，その内部構造をみるといくつかのS字カーブの乗り換えが含まれていることがある．したがって，「S字カーブを伸ばす（成長させる）には，小さなS字を付け加えよ」，換言すれば，「改善という同一軌道の成長のためには，イノベーション（別軌道への乗り換え）を行え」といえるということである．

この際もっとも大切なことは，その生産現場にいる従業員がこのような意識で仕事に立ち向うという点にある．

同時に，マネジャーのはたらきがこのイノベーションにとって非常に重要となることが多い．それは，すでに，第1章1.3節(2)(b)において「マネジャーによる軌道変更」として議論していた．部下に別軌道の開発の試みを密かに研究している者がいれば，マネジャーはそれを正しく評価し，もし良しと判断できたならば軌道変更（イノベーション）実践の意思決定を実行する勇断が望まれる．あるいは，限られた資源の中で，新たに別方式の研究開発の企てをスタートさせることも必要となろう．

一方では，大々的に「イノベーションを狙え」とあえて鼓舞しないで，従来軌道の地道な改善の道を着実に進めようとすれば失敗の危険も少なく，当面は一応の成果も出るので魅力的であると思えるかもしれない．しかし，自分がそ

の慣行軌道改善の地道な道を進むとき，競合他社はまったく違う軌道を切り開き創り出すというイノベーションを実践している公算が高い．それが成功すれば自社の破滅は目に見えている．したがって，自らもイノベーションに向かって進むしかないといえよう．

(c) 試行錯誤

上記で議論した生産方法のイノベーションを実現するには，「大胆な」試行錯誤が必要となろう．誰にでも考えつく程度のことは，生産現場で日常の改善活動の一環としてつねに実施しているという現実があるからだ．

ところが，試行錯誤を具体的にどのように進めたらよいのかについての検討は，現在のところ技術経営分野での最先端の領域であり，その研究もようやく緒についたばかりといえる（たとえば，濱崎，2009）状態である．

試行錯誤とは，目標は明確であるがそこにいたる道筋がわからないときに，種々の方法を試して，失敗をくり返しながらも目標に到達しようとする行動をいう．したがって，理屈のうえでは，各々の試み（試行という）がどれだけ目標に近づいたかの評価の方法の確立が大切であろう．しかし，心理学実験のような簡単な課題とは異なり，現実の複雑な企業活動に対しては，どれだけ有効な評価法が開発できるか疑わしい．

企業の実際の研究開発現場の実践と観察をふまえて，板谷（2007）は次のような指摘をする．

> 多くの場合，目標と既存の理論や知識とのギャップは非常に大きい．したがって，目標に到達するには未実証の技術を試みたり，途中で科学的な発見を必要とするかもしれない．そこで，決定的に重要なのは，当面進むべき仮目標を遠い目標の手前に立てることであるが，その際に，通説や常識と異なる「大胆な」仮目標を立てられるかどうかである．

さらに，Itaya and Niwa（2009）は，

> 企業の研究者・技術者が大胆な仮目標を立てようとする際に妨げとなる

大きな要因は，大胆であればあるほどそれを上長に説明する際に返ってくる否定的態度が予想されて，その予想される軋轢をただ避けたいばかりに，大胆さに対して躊躇するようになることだ

と述べ，これをなくすには

邪魔をしない（事前説明を要求しない）マネジメントの重要性

を指摘した．

　以上，試行錯誤やそれを支援するマネジメントに関する最近の研究の状況をいくつか述べてきた．今後もこのような研究が一層活発に行われ，実際に企業現場へ適用できる知見が得られることを期待したい．

(2) 目標仕様が不明確な場合

　既存事業改善の第2番目は，本項で扱う「目標仕様が不明確な場合」である．
　本項では，まず，改善の目標仕様が不明確という状態が，激しい競争下にある多くのフロントランナー企業に当てはまることを述べる．ついで，このような場合でのイノベーションのあり方を議論する．
　その中で，本流の既存顧客ではなく，その周辺にいる顧客層に注目しようとする2000年前後に提案されたアプローチの検討も行う．

(a) 目標仕様が不明確とは

　フロントランナー段階にいる企業間での競争は厳しい．他社より一歩でも先に出ようと，日々，事業や製品の機能や性能の改善をくり返すが，また，すぐに他社に追いつかれるという状況にあるからだ．このような状況におかれた事業や製品の改善の場合を本項ではとりあげる．
　フロントランナーであるから，製品開発や販売競争の実績は豊富である．したがって，いわれればただちに，現製品の改善の仕様（機能と性能）案をいくつも書き並べることはできるであろう．しかし，問題はその中のどの案が正しいのか自信がもてないことにある．

かつてキャッチアップ段階にいたときは，真似をして追いつこうとする先行製品が存在しているので，自分たちの目標とすべき機能と性能やそれらに対する顧客の反応を，あらかじめ知っているようなものであった．
　しかし，キャッチアップ段階を脱して，今では真似をするものがない先頭段階にいるのだ．ここでは結局のところ，具体的な目標仕様は不明確だが，「従来製品に対して競争力ある差別化製品を作る」ことが要求されているといってもよい．
　簡単化のため，本項では家電製品のような消費財を考えることにする．改善のための目標仕様が明確に与えられていないので，自ら設定しなければならない．この場合，一般的には，

　① 技術の限界を目指す方向での改善
　② 顧客ニーズを満たす方向での改善

という2つのアプローチが考えられる．
　ここで①のアプローチは技術者主導となる．ところが，フロントランナーになるぐらいの優秀な企業であるから，そこにいる技術者は世界の技術水準やこれからの技術動向をよく把握している．したがって，既存製品の改善という大枠を与えられてしまうと思考形態が似てきて，彼らが先導する改善はどこの企業でも似たものとなってしまい，結果的に他社との差別化は困難となることが多い．
　なお，ここで若干の注釈を入れたい．後に2.3節(1)で「技術先導のイノベーション」を述べるが，そこでの議論は，今までにない革新的な製品開発の場合についてである．世の中にない革新的な製品を開発する場合と異なり，本項で検討しているような既存製品の改善の場合では，技術先導は望ましくないのだ．
　すると今度は②のアプローチだということになる．そうなると，市場調査やユーザ反応調査などのマーケティング手法を駆使して顧客のニーズを把握しようとするであろう．現製品を使用している顧客がどのような改善を要望しているかを知ろうとするのだ．これをもし自社だけが知ることができればよいであ

ろう．しかし，現実には，他社も同じ顧客層のニーズを調査しているはずなので，他社も同じような調査データを得るであろう．その結果，またしても他社と差別化できない製品が生まれてしまうことになる．

こうして顧客からみれば「どこの企業の製品を買っても同じ」という製品の一種のコモディティー化が進展していく．差別化できない製品で競争をするので，価格は低下する一方である．このようにして企業は消耗していく．何とかこの状態から脱出しなければならない．

(b) コモディティー化からの脱出

コモディティー化からの脱出に関しては，通常多くのアプローチがあり得るだろう．まず，単純明快なのは，

・消耗戦を戦い抜く
または，
・撤退する

であろう．

あるいは，製品の直接の機能・性能以外のところで差別化して，競争に臨もうとするアプローチもある．たとえば，

・ブランド化，すなわち，ネーミングやイメージ向上などのマーケティング活動の活用
・顧客が購入・使用する全過程のどこか（たとえば，納期，保証など）での差別化

などがある．

上記に簡単に例示したような通常のアプローチの詳細は，一般の経営学やマーケティング論などで幅広く論じられているので，本書では割愛したい．本書は通常のアプローチではなく，イノベーションの立場から検討するのが目的だからである．

イノベーションというのにもっともふさわしいと考えられるアプローチは，当該製品の機能を一部としてもつような新しい製品を世に出すことであろう．たとえば，日本語ワードプロセッサーはパソコンのもつ1つの機能に置き換わってしまった．そして，日本語ワードプロセッサーという商品カテゴリーは事実上破壊されてしまった．

このようなことをするには，すでに第1章1.1節(3)(a)「破壊のための創造」の考え方が適用できる．しかし，この議論は次の2.3節「新規事業進出におけるイノベーションの推進」で論じるほうがふさわしい．本2.2節「既存事業改善におけるイノベーションの推進」では，あくまで，既存事業を改善するということが目的の場合，あるいは，既存事業を改善するという制約のもとで検討することが焦点になるからだ．

さて，ではどう考えればよいのだろうか．1つの考え方として，既存事業や既存製品の改善という目的や範囲ではあるが，対象とする顧客層を少しずらしてみようというものがある．すなわち，これまでの本流の顧客ではなく周辺顧客を対象にしようというアプローチであり，それはイノベーションをめぐる議論の中で2000年前後に2つ登場した．これを次項(c)で検討してみよう．

(c) 周辺顧客創造のイノベーション

周辺顧客に注目して，既存事業や既存製品をもとにそれを何とか改善して競争に打ち勝とうとする2つのアプローチのうち，まず最初に本項で検討するのは「ブルー・オーシャン戦略」(Kim and Mauborgne, 2005) といわれる考え方である．

[ブルー・オーシャン戦略の適用]

ブルー・オーシャン戦略の基本的な考え方は次のようなものである．

　　過当競争で赤い血を流しているレッド・オーシャンから，競争者のいないブルー・オーシャンへ移動せよ．ブルー・オーシャンとはどこにあるのか．それは，現在の顧客層の周辺に目を向け，追加すべき新たな機能を欲する新たな顧客層を見出せば，そこにあるのだ．さらに，この新顧客層か

らみて不要な機能や性能を洗い出してその削減によるコスト減も同時に企てよ．

ブルー・オーシャン戦略の多くの事例（Kim and Mauborgne, 2005）の中から，ここでは次の２つを紹介しよう．

〔シルク・ドゥ・ソレイユ〕
　サーカス業界において，従来の子供を中心とした顧客層ではなく，新たに大人や法人の顧客層に着目した．パフォーマンスとしての知的洗練度や豊かな芸術性を追加し，従来からの動物ショーや古典的道化師などは削除した．

〔サウス・ウエスト航空〕
　米国内で，従来は自動車を使っていた短距離ビジネス客に着目した．安価料金，ハブ空港経由でない２地点間の頻繁で短時間のフライト，親しみやすいサービスを新たに追加し，従来からの機内食，ラウンジ，座席指定を削除した．

　ブルー・オーシャン戦略を学問的な新規性という観点でみれば，Porter (1980) が提唱した競争戦略の欠点，すなわち，差別化戦略とコスト戦略は同時に実施しない（できない）という点を克服している．ただし，付言すると，実業界，とくに，日本企業の多くは Porter (1980) の主張を知ってか知らずか，当然のこととして日常的に差別化（高機能化）とコスト低減を同時に満たす製品改善活動を行っている．
　それでは，ブルー・オーシャン戦略のどこに注目すべきなのであろうか．それは，現在の顧客ではなく，その周辺に新たな顧客を見出そうとしている点である．この場合，見出すというより，ある意味で顧客創造といえるかもしれない．したがって，その精神においてブルー・オーシャン戦略は第１章 1.1 節 (1) で述べた Schumpeter のイノベーションの５つの場合では，３番目（新市場の開拓）に対応しているといえるだろう．

しかし，一方，ブルー・オーシャン戦略の大きな弱点は，競争者のいないブルー・オーシャンを目指すといっても，そこに早晩競争企業が参入してきてレッド・オーシャンになる可能性が高いことにある．その基本的な原因は，この戦略は既存事業や既存製品を基にそれからの若干の修正ということであって，次の2.3節で述べる「世の中にないものを生み出す革新的イノベーション」ではないので，容易に真似されやすいという点にある．

ただし，ブルー・オーシャン戦略は，革新的イノベーションと単なる成長戦略との中間に位置しているため，実現性の観点からは優れているといえる．したがって，過当競争に喘ぐフロントランナー企業は，当面の間の時間稼ぎとしてこの考え方の適用を試みる価値はありそうだ．

次に，周辺顧客に注目して，既存事業や既存製品を改善して競争に打ち勝とうとする場合の2つめのアプローチとして「破壊的イノベーション」（Christensen, 1997）がある．この適用を検討してみよう．

［破壊的イノベーションの適用］

破壊的イノベーションの基本的な考え方は次のようなものである．

> 技術系企業から次々と出てくる製品は，機能や性能の改善の努力を続けているうちに，顧客の要求する水準を超えてしまう過剰機能や過剰性能の高価なものとなってしまうことが多い．このときに，機能や性能を落として非常に安価な製品（破壊的製品とよばれる）が現れ，そして，しだいに力をつけてついには市場を席巻する結果となる．これを破壊的イノベーションという．

したがって，この考え方を適用すれば，もし既存事業や既存製品が顧客からみて過剰機能や過剰性能の段階にあると判断できたならば，現在の顧客の周辺に破壊的製品を購買する顧客がいるはずであるから，その顧客層を開拓するという目的で，機能や性能を落として安価な事業や製品の開発と発売へと軌道を切り替えるアプローチが考えられる．

ただし，優良企業は破壊的イノベーションを志向しにくい．それは，「品質

を落として一段と安い製品を出す」ので企業（ブランド）イメージを損ない，また，技術者の自尊心を台無しにする恐れが強いためでもある．その間隙を狙って，むしろ途上国のキャッチアップ企業がこれを武器に優良企業を破滅させるという歴史がくり返される．

このような歴史の中で，キャッチアップ企業の破壊的製品の登場で市場を奪われそうになったときに，苦境に陥った優良企業が意を決して破壊的製品に進出するという選択をとることもしばしば起こる．この場合は，製品単価の下落のため直接の収益性が落ちるので，ビジネスモデルを再構築して製品単体以外のところで収益を上げる工夫，あるいは，身軽に動ける別会社にするなどの工夫が必要である．しかし，現実には背に腹はかえられないとばかりに，このような工夫をしないまま軌道を切り替えてしまい，さらに一層苦しくなる事例が多いので十分な注意が必要であろう．

2.3 新規事業進出におけるイノベーションの推進

前2.2節では，既存事業改善の場合のイノベーションのあり方を検討してきた．

本節では新規事業に進出しようとする場合のイノベーションとは何であるか，さらに，それをマネジメントするとはどういうことかを検討する．

これを，新規事業進出の2つの典型的な場合，すなわち，主体的に革新的な構想を行おうとする場合と，偶然（セレンディピティー）の影響が大きい場合の各々について述べる．

(1) 革新的構想

本項では，まず，新規事業進出におけるイノベーションの最初の典型例として革新的構想に基づいて行う場合を検討する．ここで革新的構想とは世の中にないものを生み出すことである．ついで，これをどのように実践すればよいのかを議論する．さらに，このような試みを支援するマネジメントのあり方を模索する．

(a) 世の中にないものとは

　新規事業という場合の「新（しい）」の意味する範囲は幅が広い．本項では，かなり極端であるが「世の中にないもの」を生み出すという状況を考えたい．もし，世の中に目指すものがあれば，前 2.2 節(1)の目標仕様が明確な場合に似た議論となり得るからである．

　それだけではなく，実は世の中にないものを生み出すということこそ，われわれが生きている高度技術社会でのイノベーションにとってもっとも核心的な行為といえるからである．この時代にあっては，技術を活用してまったく新しいものを世の中に登場させられるかどうかが，企業競争における勝負の分かれ目になるといえよう．

　実際に，技術を用いた新しい製品の例として，（郵便に替わる）E メール，（固定電話に替わる）携帯電話，（フィルム式カメラに替わる）デジタルカメラなどいくつもあげられる．別に欲しいといったわけではないのにこのような製品を与えられると，ユーザは最初のうちは使い方がよく理解できず戸惑うが，慣れてくるとその便利さがわかり，ついにはなくてはならない存在になっているという状況が観察できる．

　このように考えてくると，高度技術社会の特徴は，

① 顧客は自分の欲しい新製品を想像することができない
② 技術者や技術系企業は世の中にない新規の事業や製品を，技術を活用して生み出せる

ととらえることができることに気がつく．とくに，①は決定的に重要な意味をもつ．つまり，高度技術社会の時代に新しい製品を作り出すには，顧客にそのニーズを聞こうというアプローチでは効果が期待できないことを示しているからである．

(b) 技術者の革新的構想

　新規事業や新製品のニーズを顧客やユーザに聞くことができないので，企業は自分で考え出さねばならない．いや，むしろ，上記②のように，高度技術社

会における技術系企業の真骨頂とは，技術を活用して（顧客には想像できない）世の中に存在しない，すなわち，革新的な新規事業や新製品を作り出すものだということができる．

　では，どのようにしてこれを効果的に行うか．これがここで問われるべき課題である．本書では次のように考える．

　革新的な事業や製品のコンセプトを生み出す構想力は，

　　構想力＝「技術可能性の想像力」＋「社会や人間への洞察力」

で表すことができよう．ここで，

- 「技術可能性の想像力」とは「この技術を活用してこんなに便利な生活ができる」と，技術を活用して生活がどのようになり得るかという可能性を想像する力
- 「社会や人間への洞察力」とは「今後の社会で生きる人間はこういう快適さや便利さを求めるであろう」と，社会や人間を洞察する力

である．この両方向から思考ができることが必要となろう．

　ところで，「技術可能性の想像」は，基本的には技術系企業や技術者にしかできないことに注意を向ける必要がある．つまり，一般の消費者や最先端製品のユーザでさえもできないのだ．その理由は存在している技術の使われ方ではなく，これから開発しようとしている技術に関するものだからである．このことこそが決定的な競争力の源泉であることを技術系企業や技術者は再確認する必要があることを強調したい．

　これをここで強調するのは，世の中では別の考え方が広まっているからである．その考え方とは次のようなものである．インターネットの普及にともない，種々の情報の入手が容易になった．ということは，企業と消費者との間に存在していた情報格差が縮小してきて，企業は消費者に対して優位性を保てなくなったというものである．

　しかし，この考え方には既存の技術や製品に限定されているという盲点があ

ることに気がつく必要がある．これから開発する新技術や新製品については，その革新的アイデアは技術者の頭の中にあるのだ．これはインターネットで知ることはできない．

　一方，これに対して，「社会や人間への洞察」は現在の技術者にとって苦手の領域であろう．しかし，実は，これは技術者だけでなく誰にとっても難しいことなのである．したがって，技術者がこの能力を強化することに努力を傾けその育成と研鑽を行えば，それに加えて，先に述べた「技術可能性の想像力」をもっているという技術者の優位性は際立つものとなる．

　以上の議論をふまえて，次に重要なことは，技術者が開発するのは，

製品（製品設計図）でなく顧客機会（顧客の活動場面図）

ということである．

　従来は，そして現在の多くの技術者は，技術をもとに製品を設計した．そして，書くものは製品の設計図である．しかし，今後の期待される技術者は，技術をもとに「この技術を活用してこんなに便利な生活ができる」という顧客機会を設計すべきである．そして書くものは，B to C（Business to Consumer：消費財）事業の場合には生活の場面図であり，B to B（Business to Business：生産財）事業の場合には，顧客企業の生産現場での生産場面図となる．これは技術を活用してまさしく企業の本来の機能である「顧客創造」をしていることになるといえよう．

　(c)　革新的構想支援のマネジメント

　革新的構想を支援する効果的なマネジメントのあり方や方法は，技術経営分野でのもっとも先端的な研究テーマの1つとなっている（丹羽，2006, pp. 193-196）．ここでは，その一端を述べよう．

［構想立案型人材の育成と活用］

　キャッチアップ時代に必要とされたのは先進例の真似を忠実に行う人材であった．そこに，自分独自のアイデアを加味することが望まれたのは，キャッ

アップからフロントランナーへの移行の段階であった．

しかし，フロントランナーになり革新的構想を生み出すことが必要とされると，望まれるのは既存のものに追加したり改善を試みることではなく，「従来の経験や手持ちの資源を前提とせず，目標を創設し新たな構想を生み出す」ことができる人材，すなわち，構想立案型人材である．

構想立案型人材の育成と活用はイノベーション・マネジメントの骨格をなすといえよう．この場合，一般的な職場（オン・ザ・ジョブ）教育では困難な場合には，革新的活動をしているベンチャー企業などへの派遣，あるいは，画期的な研修プログラムの設置などの工夫が必要となろう．

［創造的思考や提案に対する制約の打破］

科学技術者は自分の専門領域にこだわる保守的な人たち（丹羽，2006, pp. 224-225）といえる．したがって，革新的な技術開発や事業開発の計画を科学技術者からボトムアップで提案させようとすると，「自分ができそうもない革新的なことは提案しづらい」という制約が生じるので，それをいかに打破するかのマネジメント上の工夫が必要となる．

そのなかには，提案者にその計画の実施を義務づけないという計画と実施の分離などの実行も含まれる．従来の常識では，提案者が実施もできるという制度は，職場の活性化と提案への積極的参加という観点から優れた制度とみなされてきた．しかし，世の中にない世界最先端のことがらを提案させようとする際には当てはまらない可能性が高い．

［革新的構想の評価は別部門が実施］

ある部門からボトムアップで提案された革新的構想は，それが革新的であればあるほど，新しいことへの挑戦と引き換えに，その部門内のいくつかの既存事業や既存組織の縮小や廃止につながることがある．そうなると，その部門は組織としてその構想に反対する可能性がきわめて高い．しかし一方，その構想を理解する能力はその提案部門以外にはないという理由で，結局はその部門が構想を評価することになって，その構想は日の目をみないという結果となる公算が高い．

こうならないためには，革新的構想は提案部門ではなく全社的に長期的観点から評価するという意思の統一と，その効果的な評価体制を確立しておく必要がある．

上記の3つの事柄から容易に推測できるが，革新的な構想立案を効果的に支援するためには，以前のキャッチアップ段階での一般的方法とは一線を画するマネジメントの確立が必要である．

(2) セレンディピティー

前項(1)では新規事業進出の場合のイノベーションを実現する最初の典型である「主体的に革新的構想を企てる」場合を検討してきた．本項では2つめの典型であるセレンディピティーの場合を検討する．

まず，セレンディピティーとは偶然が関与することがらであり，そこには，2種類のパターンがあることを明らかにする．ついで，このようなセレンディピティーに対して，マネジメントはどのような態度をとればよいのかを検討する．

(a) セレンディピティーとは

セレンディピティーの説明は，Roberts (1989) や Shapiro (1986) に詳しい．そして，それらの内容を技術経営学の観点から簡潔にまとめたものが丹羽 (2006, pp.198-199) にある．そのエッセンスを，ここではイノベーションの実践という立場から検討することにする．

セレンディピティーとは「偶然出くわす（できてしまった）ことがらを，別の視点から解釈して発見・発明に結びつける」能力のことである．この語源は「セレンディップ（セイロン，すなわちスリランカの古称）の3人の王子」というおとぎ話で，登場する王子たちが偶然の発見をすることに由来している．

ところで，セレンディピティーは図2.5に示すように2種類のパターンがあることに注意が必要である．というのも，この2種類のうち，最初の「擬セレンディピティー」だけが，一般にはとりあげられることが多いからである．その理由は，擬セレンディピティーとは，こつこつと努力を続けているとその努

> ① 「擬セレンディピティー」
>   ・追求していたものを偶然に発見
>   ・こつこつ努力を続けると女神が微笑む
> ② 「真のセレンディピティー」
>   ・思ってもみなかったものを偶然に発見
>   ・（いわれてみれば）誰にでも容易に再現可能

図 2.5　2 種類あるセレンディピティー

力に報いる形で，たとえ失敗という偶然的なことも自分に味方してくれて成果につながるということをいっているので，あたかも努力者に対する美談を聞くような心地よさが漂ってくるからである．

たとえば，擬セレンディピティーの例として有名なものに次の話がある．

> Goodyear は長年ゴムの活用法の研究にとりつかれるように努力を重ねていたが，あるとき，硫黄と混ぜたゴムをたまたま熱いストーブ上に落とすという失敗をしてしまった．しかし，そのときに，それまでの努力を知っていた女神が微笑んでくれたのか，ゴムの加硫という方法を見出すことができた．

しかし，むしろ，セレンディピティーの真価は図 2.5 の 2 番目に示した「真のセレンディピティー」のほうにある．これは，その道を目指していなくても，あるいは，努力にはかかわらず，誰にでも与えられる偶然を生かす能力のことである．

この真のセレンディピティーの例としては，下記がある．

> 野原を散歩していた deMestral は，たまたま自分の衣服にぴったりとついた「いが」をみて，なぜそうなるのだろうと考えたときには，マジックテープを発明しようなどとは思ってもいなかった．

「いが」が服に張りつくという経験は誰にでも容易に起こることであるので，後にマジックテープをみた多くの人たちに「なぜ，私が最初にマジックテープ

を思いつかなかったのだろう」と思わせることになる．こういうことが真のセレンディピティーの特徴である．

(b) セレンディピティーの活用

セレンディピティーを活用しようとか，あるいは，マネジメントに利用しようとするための方法は今日のところ確立されていない．

しかしながら，まずは，セレンディピティーというものが存在するのだという認識が必要であろう．しかも，これはノーベル賞をとるというような特別な世界だけのことではなく，日常的に起きているとの理解が大切といえる．

セレンディピティーの存在を認めるということは，マネジャーに大きな意識改革を迫ることになる．つまり，すべてが計画・管理できるものではなく，偶然という要素のはたらきも大きいということを認めることになるからだ．これは，マネジャーに自分のマネジメントの自信過剰を反省させ，未知・無知の世界への畏敬の念をもたせることになる．

真のセレンディピティーへの注意は，とくに必要であろう．このためには，マネジャーは目的をまず定めてそれに向かうという従来の一般的マネジメント思想や「まじめさ」一辺倒から脱皮する必要がある．たとえば，

- 努力とは無関係
- その道一筋より発散思考が重要
- こつこつ作業より頭での新解釈が重要

などを認める必要がある．これらは，目標が明確でなすべき仕事が事前に定義できたキャッチアップ段階から，とくにセレンディピティーも関与する前人未踏のフロントランナー段階に入ったときに，重要性が出てくることがらといえる．

2.4 イノベーション・ポートフォリオ戦略と国の支援政策

これまで，既存事業改善と新規事業進出の両者の場合におけるイノベーショ

ンの必要性と重要性を述べ，さらに，それらをいかに効果的に推進するかの考え方や実践的方法などを各々別々に議論してきた．

本節では，企業の持続的発展のために，既存事業と新規事業のイノベーションをいかに組み合わせればよいかというポートフォリオの課題をとりあげ，その検討を行う．さらに，これを支援する国の政策についても若干の検討を加える．

(1) イノベーション・ポートフォリオ戦略

本項では，企業の持続的発展のために，既存事業と新規事業のイノベーションの効果的組み合わせの必要性を述べ，ついで，具体的にイノベーション・ポートフォリオ戦略のあり方について述べる．

(a) イノベーション・ポートフォリオの必要性

将来がほぼ見通せる場合には，そこに向かってまっしぐらに進むことができたであろう．たしかに，キャッチアップの段階にいる企業は，目標とする先進企業と同じ事業や製品を彼らより効率的に（安く）開発し，世の中に提供することを，わき目も振らず行えばよかった．そこでは，どういう新しい事業や新しい製品を考案・開発すればよいのかの検討は，基本的に自分で行わなくてすんでいた．

しかし，フロントランナー段階の企業には，将来に向かってのはっきりとした道標はみえない．そこには目標とすべき先進企業の事業や製品はないのだ．

そこでは，現在の事業で収益を確保しつつ，同時に，将来のための新しい事業の種を自らまいて育てあげなければならない．したがって，企業の長期にわたる持続的発展のためには，そのもてる経営資源（人，もの，金，技術）を現在（短期）と将来（長期）のための活動へバランスよく効果的に配分する戦略，すなわち，ポートフォリオ戦略といわれるものが必要となる．

こういうと，現在と将来とを2分割して別々のものとして扱えるような感触も与えるが，先に2.1節(2)で述べたように，現在事業を安心して行うためには将来計画の存在が必要であり，また，将来計画が立てられるためには安定した収益性のある現在事業が必要であるという，現在事業と将来事業の両輪性と

相互依存性を改めて確認する必要がある．

つまり，将来に投資することは，現在を犠牲にするのではなくむしろ現在のためでもあり，また，現在に投資するということは将来を犠牲にするのではなくむしろ将来のためでもあるとの理解が企業内で確立され，共有されていることがもっとも重要である．そして，これがポートフォリオ戦略の効果的な構築にとって基本的な土台となる．

(b) イノベーション・ポートフォリオ戦略

それでは，具体的にどのように経営資源を現在と将来とに配分すればよいのだろうか．実は，これは企業経営をどのように行えばよいのかと同じCEOレベルでの大きな課題であり，種々の観点から幅広い議論があり得よう．

そのなかで，本書はイノベーションに焦点を当てているので，イノベーションの実践において，現在（既存事業改善のイノベーション）と将来（新規事業進出のイノベーション）の組み合わせや配分をどのようにすべきかが考えるべき課題となる．

ここで，イノベーションのポートフォリオの例として，図2.6に示すような1つの案を提示したい．それは，このようなたたき台としての案が目の前にあれば，実際の企業現場での議論や検討において有益と考えるからである．

図2.6では，既存事業のイノベーションに8割，新規事業のイノベーションに2割という資源配分を例示している．ただし，この数値には理論的根拠はなく，著者の経験から設定したものである．

もちろん，この配分の値は，属する業種，その企業の競争力，あるいは，経営資源の保有量などによっても異なるであろう．さらには，経営者の将来への洞察や見通しなどが大きな影響を与えるであろう．ある意味では，この現在と将来への配分の値の設定こそが，企業経営者の最大の仕事といえるかもしれない．

それでは，図2.6をみてみよう．既存事業では収益を確保することを目的とするイノベーションがあり得る．2.2節で議論したように，ここには，目標仕様が明確な場合（重化学，エネルギー，製薬，材料開発分野など）を対象にした生産方法のイノベーションと，目標仕様が不明確な場合（フロントランナー企業間

```
既存事業で収益の確保（8割の力）
 ・目標仕様が明確な場合（重化学，エネルギー，製薬，材料開発分野）
   ・生産方法のイノベーション
 ・目標仕様が不明確な場合（フロントランナー企業の過当競争分野）
   ・周辺顧客創造のイノベーション
     ・ブルー・オーシャン戦略（大幅改良製品）
     ・破壊的イノベーション（激安製品）
上記の収益を基に，新規事業進出の実施（2割の力）
 ・顧客も気がつかない将来製品，将来事業
   ・革新的イノベーション
     （例）ナイロン，テレビ，原子力発電，日本語ワープロ，ウオークマン，オンラインセキュリティー，遺伝子工学応用食品，カーナビ
```

図2.6 イノベーションのポートフォリオの例

の過当競争分野など）の周辺顧客創造のイノベーションが配置される．周辺顧客創造のイノベーションには，大幅改良製品を狙うためのブルー・オーシャン戦略と，激安製品を狙うための破壊的イノベーションが位置づけられる．

既存事業の収益をもとにして新規事業に進出する場合には，顧客も気がつかない将来製品や将来事業を狙うための革新的イノベーションがある．参考までに，これに当てはまると考えられる過去の例は，ナイロン，テレビ，原子力発電，日本語ワープロ，ウオークマン，オンラインセキュリティー，遺伝子工学応用食品，カーナビなどがある．

以上述べたイノベーションのポートフォリオの例（図2.6）のように，既存事業と新規事業に対するイノベーションは，経営の全体の枠組みの中で位置づけられることが重要である．こうして，全社一体となってイノベーションを実践できることとなろう．

(2) イノベーション支援政策

国のイノベーション政策というと種々の側面がある．

その1つに，「企業のイノベーション」が企業の軌道変更であるので，同じように「国のイノベーション」とは国の軌道変更であり，それを実現するのがイノベーション政策であるという考え方（丹羽，2006, pp. 153-156）がある．し

かし，本書ではこの議論は割愛する．

本書は企業のイノベーションに焦点を当てているので，この立場から国のイノベーション政策をとりあげたい．それは，国自身の軌道変更ではなく，企業や産業の軌道変更，すなわち，企業や産業のイノベーションを支援するという国の政策のあり方を検討するものである．

(a) イノベーション支援政策の必要性

世界の中で現在の自国の産業発展段階はどこにあるかを位置づけ，そして，将来の方向や目標をどこにおくかの議論は国家戦略構築の1つの要ともいえよう．

国が自らかかわる産業関連の政策としては，エネルギー政策，海洋・資源政策，宇宙政策，科学技術政策，産業構造変革政策など多くがあろう．

また，企業経営が直接影響を受ける政策として，各種産業政策，教育制度，税制，移民政策，社会インフラ政策など多岐にわたる分野で多種多様な政策があり得よう．

その中で，本項では，本書「イノベーション実践論」の問題意識の観点から，つまり，企業イノベーションの実現を支援するという目的をもつ国のイノベーション政策に焦点を当て，そのあり方に関する若干の検討を行いたい．

このような国の政策の必要性は，日本の産業の持続的発展のためであり，それは，

・産業の発展段階や産業の特徴に対応づけて，それぞれのイノベーション実現を支援するための政策，すなわち，イノベーション支援政策
・各産業の国際競争力もふまえて，日本で今後どの産業分野を伸ばすべきかの観点から，イノベーション支援資源の産業間配分を決めるイノベーション・ポートフォリオ政策

ということになろう．

(b) イノベーション支援政策

　発展途上の段階では，企業や産業のイノベーションを実現させるために国がリーダーシップを発揮できる場面は多い．そこでは，国が主体的に果たす役割は非常に大きく，また，効果も大きい．たとえば，日本の第2次世界大戦後から高度成長期に入るまでの通産省（現在の経済産業省）のはたらきは，日本の産業を飛躍的に発展させ，それを東洋の奇跡といわせるほどの大きな成果をあげた．今日のアジアやアフリカなどのかなりの数の発展途上国においても同様のことが期待できよう．

　しかし，産業がフロントランナー段階になった国においては，そのイノベーション政策の中心的役割は，これまで本章で述べてきた企業イノベーションが効果的に達成できるような「支援」を行うことであろう．

　しかし，一概にフロントランナーといっても，たとえば日本をみてもわかるように，いろいろな状態にある産業が混在している．そこで，各々の産業の発展や成熟段階に適合した支援政策が必要となる．そこで，以下ではこれまで本章で議論してきた場合分けにしたがって検討してみよう．

[目標仕様が明確な産業の場合]

　この産業例は，くり返すと，重化学，エネルギー，製薬，材料開発などである．先に，2.2節(1)で議論したように，企業では製品の目標仕様を達成するために，生産方法のイノベーションを目指して大胆な試行錯誤が行われることが重要となる．

　したがって，国の支援政策としては，この企業の大胆な試行錯誤の実施を支援することが重点となるべきと考えられる．たしかに，これまで，この目的のため最先端で高価な分析機器の共同利用センターの設置や，試作ラインの減税などを実施してきている．今後とも，この方向での種々の政策の立案が望まれる．

　なお，国が主導して産業の将来方向のロードマップを設定し，それに沿う活動支援を行おうとする試みがときおりみられるが，これは避けるべきである．なぜならば，正しい道筋は行政主導では決められず，企業それぞれの試行錯誤の結果だからである．もちろん発展途上段階においては，情報を多くもってい

る国が主導して作成したロードマップは有効であるが，フロントランナー段階に移行したあとではそうとは限らない．この段階では，多くの最先端情報は国ではなく企業がもっているからである．

［目標仕様が不明確な産業の場合］

　この産業例はフロントランナー企業間で過当競争にある多くの分野にみられる．代表例としては，先端的で流動的な IT 関連分野があげられる．先に，2.2 節(2)で議論したように，このような産業では周辺顧客層の開拓・創造を目指すイノベーションが期待される．

　このような場合においては，国の支援政策の基本的視点は，従来からの顧客層から周辺顧客層に拡張・移行しようとする企業努力に対する支援にある．たとえば，既存事業領域の発展的解消と新領域拡大の動きを支援することなどである．

　これは従来のよく知られた政策でいえば，規制緩和，経済特区の設置などが対応する．これらのさらなる促進と進展が強く望まれる．その際に，従来からの既得権者との衝突や，一部消費者の不安に対するていねいな説明活動が行政に一層必要となろう．

［長期的視点で新産業を創出する場合］

　先に，2.3 節(1)で議論したような将来のために行う革新的構想立案に対して，それを側面から支援する政策が望まれる．これは新産業の誕生と育成のための支援政策にも対応する．

　関連する国のイノベーション政策としては，ベンチャー支援環境整備や文理融合学部設立支援などがこれまで行われた．

　今後，この分野での画期的なアイデアに基づく政策の構築が望まれる．これはまさにイノベーション支援政策におけるイノベーション（創造的破壊）といえる．なお，2.3 節(2)で議論したセレンディピティーに関する支援政策は可能なのかまでを含めた検討も必要であろう．

　上記のイノベーション支援政策の議論に加えて，その次のステップは，産業

の持続的発展と国際競争力確保のため，個々の政策に対する重要度の設定と，それに基づく国家予算の配分，すなわちイノベーション・ポートフォリオ政策の確立ということになろう．しかし，本書の性格上その議論は割愛したい．

～～議論のための課題～～

(1) 「イノベーションを行おう」というと総論賛成になることが多いと述べたが，それはなぜであるかを議論しなさい．

(2) あなたはある優良企業で「イノベーション推進本部」の担当者に任命されたとしよう．その立場で次の課題を行いなさい．
  (2-1) 「イノベーションが大切だからそれを起こそう」と社内の各部門で説明会を開催したとしよう．すると，残念ながら社内の多くの人たちから反対されることがある．どのような反対がどうして出てくるのか，それを，既存事業部門と新規事業部門との場合に分けて議論しなさい．
  (2-2) 上記のような反対が出てくると，全社的にベクトルが合わず，したがって全社をあげてイノベーションを推進できなくなる．これを解決するにはどのような方針を立てたらよいのかを議論しなさい．
  (2-3) 上記（2-2）の方針のもと，下記の部門や役職の人たちにどういえばよいのかを議論しなさい．
    ① エネルギー開発に携わっている既存事業部．
    ② 過当競争に苦しむ家電関係の既存事業部．
    ③ 新規事業を考案せよといわれている研究開発部．
    ④ 社長などの経営トップ．

(3) 革新的構想とはどういうもので，それはどのようにして生み出せばよいのかを議論しなさい．

(4) イノベーション・ポートフォリオ戦略に関し，次の課題を議論しなさい．

(4-1) なぜ，イノベーション・ポートフォリオ戦略が必要なのか．

(4-2) 図2.6に1つのイノベーション・ポートフォリオの例が示されているが，別の考え方で他の例を考案しなさい．

(5) 企業のイノベーションに対して，国（行政）はどのような立場で政策を行えばよいのかを議論しなさい．その際に，とくに，発展途上国の場合と先進国の場合に分けて議論しなさい．

第3章

セミ・オープンイノベーションによる日本企業の躍進

　これまで，第1章ではイノベーションの基本的思想をふまえ，その実践に必要な応用的・実用的な考え方を述べ，ついで第2章では，企業で実際にイノベーションを企画・開始する実践的方法を検討してきた．

　本章では，とくに，日本の技術系企業にとって有効と考えるイノベーションの実現方法を提案する．それは，セミ・オープン（多事業部門，さらには企業グループ内）環境で，総合力（シナジー効果）を有効に発揮させてイノベーションを実現するという「セミ・オープンイノベーション」とよぶ方法である．

　まず，種々の要素を組み合わせて新たなものを創造するという総合力の正しい理解の仕方を検討し，そのうえで，これまで重視されてきた製造（ものつくり）のためではなく，新規事業や新製品を効果的に構想・提案できるための「提案総合力」を発揮する方法を述べる．

　さらに，イノベーションの着実な実現のために，この提案総合力を段階的に実現する道筋を具体的に提示し，あわせて，これを推進・支援するマネジメントのあり方も述べる．

3.1　セミ・オープンイノベーションによる総合力の発揮

本節は，セミ・オープンイノベーションとは何であるのかを述べる．

そのために，まず，近年米国で提唱されたオープンイノベーションの考え方や主張を確認し，さらにその抱える盲点を明らかにする．

ついで，その盲点を克服するアプローチとしてセミ・オープンイノベーションを提案し，その特長を述べる．とくに，このセミ・オープンイノベーションは日本の技術企業がもてる技術力を総合的に活かして，すなわち，総合力を効果的に発揮して，イノベーションを実現するのに適していることを述べる．

(1)　オープンイノベーションとその盲点

本項では，まず，「オープン（開かれた）」ということがイノベーションの議論においてどういう意味をもつのかを検討する．

ついで，オープンイノベーションという考え方は，米国において技術系大企業がもはや自社だけの技術では立ち行かなくなってきた歴史的経緯をもとに提唱されたものであることを確認する．そして，その米国での歴史的経緯との関連をみながらオープンイノベーションの概要を述べる．さらに，オープンイノベーションの抱える盲点を明らかにする．

(a)　なぜ「オープン」の議論か

本書『イノベーション実践論』の章のタイトルになぜ突如「オープン」という単語が入ってくるのだろうか．

第1章でイノベーションとは何かを考える基本的な視点として，

① 創造的破壊
② 非連続変化
③ 個人と組織

の3点を述べてきたように，実は，オープンということはイノベーションとは

何かという基本的な議論とは直接には関係しないのである．

　第2章では企業でイノベーションを企画・開始する際に直面する現実的困難さと，その問題点を克服するアプローチを検討した．そこにおいても，オープンという議論は直接には出てこない．

　その次となる本第3章では，企業でのイノベーションの効果的進め方を議論することとなる．この段階で重要となる1つの課題は，誰と協同してイノベーションを行うかである．というのも，高度技術社会の現在，技術は普遍的で，しかも，その開発速度は非常に速くなってきているので，類似した技術，あるいは，競合する技術は世界中に広く存在しているからである．

　したがって，技術を土台に事業を行う場合に，自社単独か，広く他社と協同するか，あるいは，その組み合わせをするかなどの決定が重要な課題となってきている．ここで，単独ではなく広く協同するという側面をオープンという言葉で表現しているのだ．

　しかし，翻って経営学の一般的教科書をみても，あるいは，産業界の実態をみても，このような誰と協同するかに関する課題は，以前から十分に議論・検討され，また実行されてきている．実際に，

・他社との協同は企業間提携（長期的取引関係，契約，合弁など）
・大学や研究機関との協同については産官学協同

として，幅広くまた深く議論されてきている．事実，たとえば，このような協同は，

・企業の多角化戦略や垂直的統合などの代替案
・もてる経営資源の補完を目的
・企業間や大学などとの信頼関係を築く手段

などとして検討され，また，実行されてきている．

　さらには，協同の技術開発に直接関係する事柄として，

・特許のクロスライセンシング
・技術標準の国際フォーラム活動

なども，研究され実践されてきた．さらに進んでは，

・国の競争力を支える国家イノベーションシステム

の議論も続けられている．また，本書の第4章とも関連するが，技術開発とマーケティングの境界領域では，単に企業間や大学・研究機関間だけではなく，さらに進んで，顧客やユーザとの協同に関する議論にも発展している．

以上のように，従来からの経営学の多面的な研究成果や，産業界の実践に基づく幅広い経験は，本書がテーマとするイノベーションにおいても非常に有効であり，今後ともイノベーション実践における行動指針として効果的に活用できるものである．

このような状況の中で，とくに米国技術系大企業が行う「発明を市場に出す」（これをイノベーションとよんだ）という側面だけに着目して，そのイノベーションは一企業単独ではなく広く他社と協同して行うことにメリットがあるという単純で素朴な主張がなされた（Chesbrough, 2003）．この主張は「オープンイノベーション」という魅力的な言葉を使ったため，世の中に広まったという事情があると考えられる．とくに，欧米発のコンセプトの導入に熱心な日本においては，「オープンイノベーション」の言葉はよく聞かれるようになった．

そこで，本項(1)においては，まず，このオープンイノベーションの主張を簡潔に述べておこう．ついで，その盲点を明らかにしよう．それをもとに，次項(2)において，その盲点を克服しさらに効果的にイノベーションを行う別のアプローチを提案したい．

(b) クローズドとオープン

Chesbrough (2003) は，彼のイノベーションの定義を「発明を市場に出す」ことと大きく限定した．そのような限定された活動に集中して，米国の技術系大企業，とくに，その中央研究所のはたらきを観察した．その結果，オープン

イノベーション，すなわち，「企業内部と外部の知識を結合させて商品を市場に出すこと」が重要であると主張したのだ．つまり，米国の技術系大企業の中央研究所は，それまで自分の力だけでイノベーションを起こしていたのだが，もはやそれはできなくなり，外部の力を必要としている状態になったというのである．

なお，従来は企業内部だけの活動が主体であった（これをクローズドイノベーションとよぶ）のだから，ここでのポイントは外部の力を利用するということにある．

さて，上記のようなことを言い出したのは，彼が次のような米国の環境や時代の変化に注目したからである．その変化とは，それまでは，米国の技術系大企業の中央研究所は発明に必要な知識を独占できていたが，しかし，

・優秀な熟練技術者が大企業からベンチャーへ流出した（この大きな要因は，大企業の中央研究所では優秀な熟練技術者の提案が幹部に認められなくなってきたので，彼らはそこを離れて，ベンチャーを起こしたという）
・大学や大学院から，優秀な新人が就職先として大企業でなくベンチャーなどへ向かった（若者たちは「寄らば大樹の陰」を良しとしなかった）

などの理由で，知識は大小多くの企業に行き渡るようになったということである．

したがって，こういう状況ならば，技術系大企業といえども自分の力だけでイノベーションを起こそうとするより，外部の企業の知識をも活用するほうが効果的であるとの主張となったのである．

なお，上記は米国の状況であるので，ここで念のため，日本の状況に目を向けてみよう．そこでただちに気がつくことは，日本では少なくとも上記の2つの現象はそれほど多くはみられないということである．終身雇用の歴史がまだかなり残り，また，大企業技術者が独立してベンチャーを起こすことはそれほど多くはなく，さらに若者たちの「寄らば大樹の陰」の気質は依然として強いのである．

しかし，不思議なことに，日本においてオープンイノベーションという言葉

は一部ではかなり頻繁に使われている．その理由は，

- 技術系大企業の経営層の苛立ちがある．すなわち，「自社の研究開発がなかなか事業に結びつかないのは，自社の研究開発人材が自分だけの殻に閉じこもり，自分勝手でレベルが低いことをしているからだ．これを打破するには，広く優秀な外部と協同させるという劇薬を飲ませるしかない」という思いが経営層にあり，さらに，その思いを敏感に感じとった技術系上層部も同じような言い方をするようになった
- 従来から日本で産官学協同を推進してきている人たちにとって，それをさらに推進させるのに，「オープンイノベーション」はちょうど良い旗印となった
- これまで大企業の研究開発の中枢で活躍した団塊の世代が退職の時期を迎え，彼らが大企業を離れた立場から発言する場を確保するのに好適な主張であるととらえられた
- 日本全体に広がる閉塞感を打破するのに，「オープン」という言葉のもつ語感はふさわしいと考えられた

などであろうと推測できる．

(c) オープンイノベーションの盲点

それでは，本項においてオープンイノベーションの主張を批判的に吟味してみよう．

ここで一歩譲ってChesbrough (2003) がいうように，知識が広く外部に存在すると仮定してみよう．その場合，その外部の知識はすべての企業に平等に開かれているので，当然，多くの企業はその活用を目指すだろう．ということは，単に外部の知識を使うということだけでは，多くの企業の中で優位には立てないのだ．

つまり，外部の知識を他社より上手に効果的に使えるという能力が肝心というわけである．その能力とは何であり，それをもつためにはどうしたらよいのであろうか．これが考えるべき中心課題となる．

いろいろと考えてみると，実は皮肉なことに，外部の知識を他社より上手に効果的に使うためには，まず内部の技術力の確立が重要であることに気がつく．つまり，

・外部の良い知識を正しく評価できる内部の力が必要（たとえコンサルタントに依頼しても，そのコンサルタントが正しいかどうかを評価しなければならない）
・外部知識の入手には，交換できる良い内部知識が必要（単に購入するだけでは協同とはいわない．協同のためには，お互いに補完する知識をもつことが必要である）
・良い知識のあるところに，外部から良い知識が集まる（自分からではなく，相手のほうから協同の話を持ち込まれるほうが交渉で優位に立つことができる）

などということが基本であろう．
　さらに加えて，内部の高いマネジメント力も求められる．実に，

　オープンを仕掛けてまとめるのはマネジャーの役割

といえるからである．つまり，「まとめるところに利益あり」が原則であるから，オープンイノベーションを効果的に実現させるためのマネジメント力の存在がもっとも重要とさえいえる．マネジャーは外部との協同の道筋と方法を考案しそれを自社に有利なように適用して，他社との協同に対して主導権をとらなければならない．
　以上のように吟味してみると，結局のところ，強い知識と技術やマネジメント力も兼ね備わった企業が，外部の知識や技術を効果的に活用することができるというもっとも基本的で常識的なことがわかってくるのである．そうなると，オープンイノベーションとは，強いところが外部活用でさらに強くなる方法であるともいえるのである．
　しかるに，多くの日本企業では，先にふれたように，「自社の力は弱いので優秀な他社の力を活用すべき」という発想や言い方が多くみられる．これは大きな誤解である．弱い企業が単純にオープンイノベーションを志向すると，強

い企業の餌食になる公算が大きいのである．

　ちなみに，オープンイノベーションに関する似たような誤解は米国の議論においてもみられる．

> 米国の大企業では，優秀な技術者が提案した良いアイデアが上司に認められないことがよく起こり，そのような経験をした優秀技術者は外に出ることが多い．したがって，外部に良いアイデアが存在するので，大企業はそのような外部の知識を活用すべきである

というのが Chesbroush (2003) の主張であるが，実は，これはおかしいのだ．自社の良いアイデアを評価できない大企業が，それより理解するのがより一層困難である外部の良いアイデアを，どうして評価して活用できるというのであろうか．

　それでは，どうすればよいのであろうか．ここで述べた盲点を克服し，しかも，オープンイノベーションが主張した基本点である「外部の力を使う」ということを効果的に生かせるアプローチを次項(2)において，とくに，日本企業に対して提案しよう．

(2) セミ・オープンイノベーションの提案

　本項ではオープンとクローズドとの中間領域に注目する．すなわち，自社内であるが他事業部，あるいは，同じ企業グループに存在する他企業の優れた知識や技術*を効果的に組み合わせて総合力を発揮させる「セミ・オープンイノベーション」を提案し，このアプローチが日本企業に適している可能性が高いことを述べる．

(a) セミ・オープンイノベーションとは

　セミ・オープンとは，完全なオープンではなく限られた範囲でのオープンという意味である．

---

　*　「知識や技術」を簡単化のため，今後，単に「技術」と書くことにする．

一般に，日本の技術系企業は，そのなかでもとくに大企業は顕著であるが，各々異なる技術を基盤とする複数の製品や事業の分野を抱えていることが多い．そして多くの企業はその製品や事業ごとに，たとえば，家電事業部やコンピュータ事業部のように事業部制をとっている．

　その各事業部は，あたかも自分が1つの企業のように振る舞うように基本的な組織設計がなされていることが多い．したがって，自分の事業部内だけにかかわる業務，たとえば，現製品や現事業の改善などについての意思決定は早く効率的に行動に移すことができる．

　日本企業のこのような事業部制は，第2次世界大戦後の復興から欧米諸国に追いつこうとするキャッチアップの段階においては，その威力を十分に発揮した．製品分野，あるいは，事業分野ごとに脇目も振らず欧米先進企業の製品コンセプトを真似て製品や事業の改善を着実に追い求め，競争に勝つことができたのである．

　さらに，同一企業内においても，事業部門同士で売り上げ高や利益高の競争も煽った．このように，社外と社内の二重の厳しい競争を経て，多くの事業分野で，日本企業は世界的にフロントランナーの段階に入ることができた．

　しかし，フロントランナーの段階に入ると状況は一変する．なぜなら，この段階では新製品のコンセプトを真似ることはできず，自らそれを構想しなければならないからだ．

　この際には，

・複数事業部にまたがる新領域の製品を開発する
・各事業部で技術突破的製品を開発する

の2つのアプローチがあり得る．この両者がイノベーションにつながることは，第1章1.1節(1)(b)で述べたように，Schumpeter (1926) の新結合と，その盲点である要素開発に各々対応できることから明らかである．本章においては，複数事業部にまたがる新領域の製品開発のほうを集中的に議論する．

　しかしながら，キャッチアップ段階での成功体験を引きずる日本企業は，一般的にいって複数事業部にまたがる新製品や新規事業を企てることは不得手で

ある．同じ企業の従業員でありながら，異なる事業部の人たちとの協同の実現は容易ではない．

　このことは，逆にいうと，日本企業はここに大きなビジネス機会をもっているといえよう．つまり，各事業部に分断されている既存の優れた技術を協同させればよいのだ．

　上記の議論から明らかなように，本項で提案するセミ・オープンとは，同一企業内の他事業部と協同することである．さらに，範囲を拡大して同一企業グループ内の他のメンバー企業と協力することも含める．

　以上のようにセミ・オープンの範囲を決めると，セミ・オープンイノベーションとは「自分の事業部内と，同じ企業内の他事業部や，同じ企業グループの他メンバー企業の技術を結合させてイノベーションを起こすこと」と定義できる．

(b)　日本に適したアプローチ：セミ・オープンイノベーション

　前項(1)において述べたように，米国でオープンイノベーションが提唱された背景には，技術が大企業から広く外部のベンチャーなどに広がってきたことがあげられた．そうだからこそ「外部」の力を活用するという発想となったのだ．

　ところが，先にも述べたように，日本では現在のところ依然として大企業の内部に多くの技術が保持されている．この場合，内部というのは，同一企業の多事業部内か，あるいは，グループ内，すなわち，セミ・オープン内という意味である．

　しかしながら，現実にはそれらの技術は分断されて個別に存在しているのであって，有効に関連づけられた活用はされていないという状況にある．したがって，1つの事業部の目からみれば，セミ・オープンという外部を活用して，これから3.2節と3.3節で具体的に提案する総合化の方法によって日本企業（グループ）はイノベーションを起こせる可能性をもっているといえよう．

　さて，先に述べたように，オープンイノベーションを効果的に実行するためには，他企業をとりまとめる高いマネジメント力が必要である．企業内ではなく企業間であるので，とりまとめマネジメントの困難度は当然のことながら，

企業内でのマネジメントと比べて飛躍的に増加するはずである．

　オープンイノベーションに関するこの初歩的な点が，不思議なことにこれまではあまり顧みられなかった．しかし，ようやく最近になって，米国のイノベーション関連の専門誌においてもその難しさが，たとえば次のように指摘されるようになった（Munsch, 2009）．

- 他企業は企業風土が異なるので，マネジメントが難しい．たとえば，スピード感覚も異なり，また，専門用語の使い方も異なっている．
- 他企業との契約，とくに，知的財産権の取り決めをするのに苦労が多い．
- ある個別の事業や製品で協同しても，本来各々の企業には別々の長期的な戦略がある．したがって，協同事業のフェースが進行するにつれ，この長期戦略と軋轢を生じる側面が出てくることが多い．

　上記のように指摘された事柄は，実は一般の経営学において企業間提携にまつわる議論として，きわめて一般的で初歩的なものである．しかし，オープンイノベーション（Chesbrough, 2003）は，そもそもが技術系大企業の中央研究所で生み出された発明をいかに市場に出す（製品化する）かという狭い研究開発視点の単純で素朴な議論が中心であり，しかも，その議論が主として技術者だけの間にとどまっていたため，企業全体の立場からみた技術経営の考察が抜け落ちていたのだ．

　本章で提案しているセミ・オープンイノベーションでは，このマネジメントの議論はどうなるのだろうか．とくに，日本企業にとっていかなる意味をもつのかが重要であろう．

　たしかに，日本企業は外部の企業を効果的に活用できるマネジメント力は強くはないだろう．しかし，他事業部をまたぐマネジメントやグループ内の他メンバー企業をマネジメントできる可能性は十分にあるだろう．というのは，これらのいわばセミ・オープンにある組織をマネジメントすることは，まったくの他企業に対して行うより，目標・価値観の共有や連結決算というマネジメントを後押しする経営環境があるからだ．

　ただし，日本で現実に行われていることは事業部（やグループ企業）に分割し

て，収支責任の明確化やスピードアップ化という個別戦略を採用しているだけで，有機的に活用しているとはいえない．

このことの重大さに気がつき，本章の3.2節や3.3節なども参考にして，日本企業はメンバー（多事業部内，グループ内）間でベクトルを合わせて，その高い技術力を総合して，新事業を起こすというセミ・オープンイノベーションを実現できる余地を十分に残していると考えられる．

以上で述べてきたことは，日本企業は，オープンイノベーションという罠にはまらず，セミ・オープンでもてる技術力を活かし総合化して，イノベーションを起こすことができる大きな可能性をもっているということである．

では，どのようにして「総合力」を発揮したらよいのだろうか．これが本章の中心的課題である．これを，3.2節と3.3節で検討しよう．

3.2　総合力の正しい理解と発揮の方法

本節では総合力とは何か，それをどう考え，どのように実現するのかを検討する．

まず，要素と全体との関係を議論する学問であるシステム論の視点から，システム（総合力が発揮される状態に対応）になるには要素の単なる寄せ集めではなく，新たな機能の発現が必要なことを述べる．さらに，このシステム論の考え方を確実なものとして身につけるために，身近な2つの例題（時計と多事業部）を議論する．

次に，総合力には「製造総合力」と「提案総合力」の2種類があることを明らかにし，今後の日本の技術系企業は後者の「提案総合力」を発揮する方向に進むべきであることを述べる．

(1)　システム論からの視点

まず，総合力の議論がイノベーション実践論にとってなぜ必要なのかを再確認する．ついで，総合力を学問的に扱うシステム論での考え方を述べる．

(a) なぜ総合力の議論か

第1章で述べたように，イノベーションとは新しい軌道にいくこと，あるいは，従来とは異なる新しいものを創ることであった．このためには，

① 既存の要素を用いるが，新しい組み合わせを考え出す
② 新しい要素を考え出す

の2つのアプローチがあった．

本章は総合力の展開を議論するので，上記の①のアプローチに焦点を当てる．そして，それを自分の事業部だけでなく，セミ・オープンという形で同じ企業内の他事業部や，あるいは，同じ企業グループの他のメンバー企業と協同して行うことを議論する．

では，どのように協同するのか．これが問われるべき課題であった．もちろん協同して従来とは異なるものを創り出すのであるが，このこと自体は特段目新しいことではない．実際に産業界では，「総合力を出す」とか「シナジー効果を発揮する」という標語が頻繁に出回っているのだ．

しかし，これらの標語の意味すべき内容は必ずしも明確になっていない．さらには，これを達成する方法についての議論もあまりされていない．これらを明確にできれば，総合力を発揮するアプローチがわかり，それは，上記①をするためのアプローチ，すなわち，結局はイノベーションの実践のアプローチがわかるということになるのだ．

さて，複数の要素を用いて新しいものを創ること，すなわち，総合力を出すということを扱う学問として，システム論といわれる分野がある．そこで，本3.2節ではシステム論の考え方の基本を再確認し，その土台の上に，次の3.3節で総合力発揮のための具体的な展開法を述べることにする．

(b) システムと創発性

システム論とは「全体と要素の関係のとらえ方」，あるいは，「全体の視点からの物事の見方や対処法」を扱う学問である．

古代ギリシャのAristotelesは「全体は各部分の合計以上のものである」と

いうような全体論とか目的論とかいわれる議論を展開していた．この議論は，本節で述べるシステム論の基本的考え方と非常によく似ている．しかし，現在の高度技術社会の基盤を形成している近代科学は，これとは別の考え方を土台にして発展した．

近代科学は16，17世紀の科学革命を経て確立されたといわれる．それはDescartesの要素還元主義（対象を小部分に分割して扱う）が方法論の基盤となっている．たとえば，水（H_2O）という物質を理解しようとするとき，それを構成しているものは何であるかを知ろうとする．そして，それが水素と酸素であるとわかれば，次は，水素と酸素それぞれが何でできているかを知ろうとする．こうして，分子 ── 原子 ── 素粒子というように対象を要素に分解して，それぞれの性質を理解することが，対象とするもの（先の例では水）を理解したことであるという考え方である．

しかし，20世紀になると，このような要素還元主義に基づく科学にとって扱うのに困難な問題（複雑性，社会現象，管理と意思決定など）が顕在化してきた．これに対応して生まれた新しい学問分野がシステム論である．これは，基本的には先に述べたAristotelesと同じ考え方をもっている．そして，今日，システム論は，要素還元主義を基盤とする一般の科学の補完的役割を担っているものと位置づけられている．

さて，システム論では，システムを次のように定義する．

・システムとは複数の要素が相互依存して，互いに関係づけられ一体性を生み出しているもの．あるいは，
・システムとは各部分の相互連関によって全体として機能する統合体．

ここで，重要なことは，ただ単に複数の要素があるだけでなく，それらが互いに関係しあって全体として新たな機能を生み出していることである．この新たな機能のことをシステム論では創発性という．したがって，模式的にシステムの定義を次のように書くこともできる．

「システム」＝「各部分の総和」＋「相互関係から生まれる特性（創発性）」

ここで，直感的に大雑把な言い方をすると，「各部分の総和」とは複数の要素が集まっている様子であり，「相互関係から生まれる特性（創発性）」とは集まった要素が関係づけられて全体として発揮する機能（はたらき）のことと考えることができる．

ところで，世の中の物事を観察すると，ある「もの」は種々の要素から成り立っているシステムであると同時に，他の「もの」と一緒になってさらに上のレベルのシステムを構成しているというように，階層構造になっていることが多い．たとえば，「家庭」は夫婦と子供（など）を要素とするシステムであると同時に，学校や会社など他の要素と一緒になって「社会」というさらに上のレベルのシステムを構成している．この階層構造の見方は，企業が提供する事業や製品についても同様に適用できる．ということは，どのレベルのシステムを狙うべきかを決定することが重要だということである．

さて，ここで産業界でよく使われる言葉である「総合力」や「シナジー効果」と，システムとの関係を考えてみよう．「総合力」や「シナジー効果」は意識するかしないかはともかく，「システムになる」ということに対応していると考えられる．つまり，単に寄せ集めの状態でなく相互に関係しあって全体として新しいはたらきをしている状態になることを意味していると考えるわけである．

換言すると，「総合力」や「シナジー効果」というとき，それは「各部分の総和」だけでなく，「相互関係から生まれる特性（創発性）」を出すということを意図しているものであると考える．そして，このように考えると，これから本節でしだいに述べていくように，実のある議論が展開できることがわかるであろう．

それでは，システムとは何か，とくに，その中心課題である「相互関係から生まれる特性（創発性）」とは何かの理解を確実にするために，次項(2)で2つの例題を考えてみよう．

(2) 総合力を考える例題

前項(1)でシステムというものの学問（システム論）的考え方を述べ，それと同じ考え方を産業界で使われている「総合力」や「シナジー効果」に適用でき

ることを述べた．

ついで，本項では身近な2つの具体例を通じて，この考え方を，とくに，創発性のとらえ方を確実なものとしたい．これは，イノベーションを実践する場合に必須のものだからである．

(a) 時計の例

何がシステムで何がシステムでないのか，さらに，創発性とはどのようなものなのかというもっとも基本的なことを理解するために具体的な例題を2つ考えてみる．

最初の例題は時計であり，それは次のようなものである．

> 時計は機能しているときはシステムだが，ひとたび分解されてしまうと，単なる部品の山．

ここで，図3.1に示すように，便宜上2つのお盆，すなわち，お盆Aと，お盆Bを考えてみよう．

お盆Aには分解した時計の部品が載っている．一方，お盆Bにはシステムとしての時計が載っている．2つのお盆を秤に載せて重さを量ると，当然であるが，同じ重さである．部品としては両方のお盆に同じものが載っているからである．

しかし，それらを商品として売ろうとして値札をつけるとすれば，まったく異なる価格がつくであろう．たとえば，お盆A（部品の山）は100円であり，お盆B（システムとしての時計）は2000円というようにである．

```
【お盆A】 （部品の山）
 ・分解した時計の部品
 ・値札：100円
【お盆B】 （システムとしての時計）
 ・時計
 ・値札：2000円
```

図3.1 時計の2つのお盆

それでは，お盆 A とお盆 B の違いは何であろうか．どうして，2000 円と 100 円という差が生じるのであろうか．言い換えると，「部品の山」と「システム」との差は何であろうかということである．前項 (1)(b) の言葉でいえば，「部品の相互関係から生まれる特性，すなわち，創発性」は何かということに対応する．

この答えは次のようである．システムとしての時計の場合の創発性は，「時刻を刻んで指し示す機能」である．この機能が果たせるように部品が組み合わされているのである．この機能のおかげでお盆 B には，100 円ではなく格段に高い 2000 円の値札がついたのだ．

上記の時計の例は容易に理解できるであろう．それでは，次にこの時計の例の応用問題として，次項 (b) の多事業部の例を考えることにしよう．

(b) 多事業部の例

システムとは何かを理解するための 2 つめの例題は，次のような多事業部に関する話である．

> ある大企業の営業部員は，「自分の会社には 10 の事業部があり，その総合力が強みです」と，10 人の事業部代表を引き連れて意気揚々と顧客のところにいって胸を張った．

これは非常によくみられる光景である．実際に，総合力を標榜する多くの大企業では，これは営業部員の採るべき当然の望ましい行動であると考えられている．また，連れられていく 10 人の事業部の代表にしてみても，これは営業部門に対する当然の協力であり，また，仲間である他の事業部代表と一緒に顧客の前に直接に出られるのは，総合大企業の一員として誇りに思えるというのだ．

しかし，この行動は総合力を発揮するというシステムの考え方からみると，実は間違っているのだ．では，どこが違うというのだろうか．この例題を大企業の部課長クラスを対象とする企業内研修で話すと，正しい答えは返ってこないことがほとんどである．この話の前に時計の例を説明しておいても正答率は

約50％と高くない.

では,正しい答えを述べよう.この営業部員の行動は,時計の例でいえばお盆A(部品の山)をもっていったことに対応する.つまり,営業部員はシステム(総合力)をみせているつもりかもしれないが,実は,システム(時計)ではなく,部品の山をもっていったのだ.顧客にシステムではなく,部品の山があることをみせて自慢しているだけのことに対応している.

ここで,問われるべき課題は,それでは,お盆B(システム)をもっていくとはどういう行動なのかである.

時計の例を思い起こし,その言葉を使って表現してみよう.営業部員は自分一人で顧客のところにいって,「わが社は『時刻を刻んで指し示すことができます』」と一言だけをいえばよいのだ.つまり,「わが社は10の事業部をもっているからこそ,それをうまく結びつけて全体としてこういうことができるのです」といえば,まさに総合力を顧客に示せたといえるのである.

実際に多くの企業は,このような総合力を示すことができていない.ただ部品の山をみせているだけなのである.

しかし,考えようによっては,この状態は大きなビジネスチャンスをもっているともいえる.部品の山の商売(時計の例では100円商売)で,現在のところ何とか生存できているので,もし,ここで総合力の商売(時計の例では2000円商売)ができれば,飛躍的な発展の余地があるということに他ならないからである.

こうするための具体的な方法は,次の3.3節で提案しよう.しかし,その準備段階として,次項(3)で総合力に関して,もう1つの重要な側面を考えておきたい.

(3) 製造総合力から提案総合力へ

本項では総合力には2種類あることを述べる.それらは,

- 目標が与えられて,それを実現するために種々の要素を組み合わせる「製造総合力」
- 種々の要素を組み合わせて,総合化されたものを新たに構想する「提案総

合力」

である．それらの特徴を検討し，今後，日本の技術系企業が目指すべき方向は後者の提案総合力であるべきだと述べる．

(a) **製造総合力**
製造総合力とは次のような能力のことをいう．

> 目標とする製品（や事業）のコンセプトが与えられれば，その実現に必要となる部品や技術を効果的に組み合わせて，効率よく製品（や事業）を作ることができる能力．

これは，これまでの日本で実際によくみられ，さらに，しばしば日本企業の強みの源泉であるといわれる能力である．また，一般に「ものつくりの総合力」などと言及されるときの総合力である．
　たとえば，ものつくり企業において垂直統合ができている場合に，他社の力を借りずに自社の高品質な部品と技術を組み合わせて，信頼性の高い製品を短期間で効率的に製造できる能力がある場合などに当てはまる．
　あるいは，目的に合った優れた部品を世界中から探し出しそれらを組み合わせる，すなわち，水平統合をマネジメントできる能力がある場合にも当てはまるであろう．
　いずれの場合にも，作るべき製品のコンセプトや目標仕様が与えられていることが製造総合力の肝心なところである．したがって，この総合力が企業経営に貢献できるのは製造コストの低減ということになる．
　このような製造総合力は，キャッチアップ段階にある産業や企業においては，その競争力確保にとって非常に大きな役割を果たすだろう．
　しかし，フロントランナー段階に入った企業では，与えられた仕様やコンセプトにしたがった製品を低コストで作るという経営ではなく，なるべく早くそこから脱皮して，世の中に存在しない新しい製品を自ら考案して創り出すことが重要となるので，次項で述べる提案総合力が必要となる．

(b) 提案総合力

提案総合力とは次のような能力のことをいう．

　　　種々の部品や技術を効果的に組み合わせて，これまでにない新製品（や新規事業）のコンセプトを考案・提案できる能力．

この場合の重要な点は，先に述べたように，単に要素の寄せ集めでなく，それらを有機的に結合させて，創発性（シナジー効果）を考案し，それを顧客に提案できることにある．

さて，前項(a)と並行した議論をここで行うとすれば，部品を自分でもっている場合（垂直統合）でも，広く他社から集める場合（水平統合）でも，どちらにおいてもこの提案総合力を発揮できるように思えるであろう．

実際のところ，垂直統合の場合には，この提案総合力を発揮できる可能性を十分にもっていることは容易に想像できる．

また，水平統合の場合については，たとえば，日本の総合商社などはこれまで，外部の複数の企業の技術や部品，あるいは，単体製品を組み合わせて新たなものを考案するという提案総合力を発揮してきたといえるかもしれない．

しかし，現在の高度技術社会の特徴は，先端的な技術が顧客やユーザ，あるいは一般消費者の理解範囲を超えて発展している社会であるととらえるべきである．そこでは，本書第4章で詳しく論ずるが，研究開発しつつある未来技術の社会での使われ方の発想や構想は，基本的には，その技術がわかっている技術者（技術系企業）にしかできない社会になっているとの理解が必要なのである．

以上を考えると，最先端水準の技術要素をもち，さらに，それらを開発しつつある技術系企業こそが，今後提案総合力を発揮し，世の中をリードする可能性をもっていることがわかるのである．

(c) 日本の技術系企業の目指すべき道

多くの日本の技術系企業は，これまで欧米先進企業の製品コンセプトを目標において，主に垂直統合を基にして製造総合力を発揮して世界と競争してきた

といえよう．日本はキャッチアップ段階において，大きな成功を収めた．

しかし，キャッチアップの段階を乗り越えフロントランナー段階に入ると，これらの企業は技術や部品や単体製品群を多くもっているにもかかわらず，もはや，それらを組み合わせた新製品を製造しようとしても，目標とする製品コンセプトは存在していない．すなわち，これまでの強みであった製造総合力を発揮する条件（目標の存在）は消失しているのである．

したがって，企業によっては，単体製品群ごとや事業部ごとの商売をせざるを得ないと考えてしまう状況になっている．そして同時に，背後から発展途上国の企業群の成長しつつある製造力（しだいに製造総合力に発展する）に脅かされてきて，今後の進むべき道について自信のもてない状態にあるともいえよう．

このような道を歩んでいくと，やがて「集中と選択」という美名のもとに，いくつもの要素（技術や部品，および単体製品群）を切り捨てるという道を進まざるを得なくなるだろう．こうして，日本の技術系企業は，ついには発展途上国の企業に道を明け渡すしかなくなるであろう．

そうではなく，別の道を探さなければならない．日本の技術系企業は長い努力のもと蓄積した最先端の技術や部品や単体製品群を活かして，そして何よりも，それらを創造できるという優れた研究開発力を活かして，それらをもつ者にしか構想し得ないような総合化製品や総合化事業を考案・提案するという道を目指すべきである．

そうするためには，製造総合力ではなくて，提案総合力を効果的に発揮する考え方や方法を身につけることが必須となる．次の3.3節で，これに関するアプローチを具体的に提案しよう．

3.3　総合力展開の段階的実践によるイノベーション

前3.2節で，総合力とは要素の単なる集まりではなく，それらを関連づけて新たな機能を生み出すものであることを述べた．さらに，与えられた目標を要素の組み合わせで実現させる製造総合力ではなく，種々の要素を組み合わせてこれまでにない新たなものを考案・提案する提案総合力を目指すべきであることを述べた．

そこで本節では，提案総合力をいかに実現したらよいのかを，2つの側面から検討したい．第1は，要素の組み合わせ方，すなわち，総合力発揮の手順と方法であり，第2は，それを推進・支援するマネジメントのあり方である．このそれぞれを(1)項と(2)項において述べよう．

(1) 総合力への5段階

「総合力を出す」と一口でいっても，複数の要素を組み合わせて総合力が発揮できるシステムの状態をただちに作り上げることは，なかなか容易ではない．事実，企業の現場で「総合力を発揮せよ」とか「シナジー効果を出せ」というかけ声がしばしばかかるが，それがきちんと実現されたという例はまれであろう．そして，多くの場合，総合力の発揮などということは無理であると諦めてしまいそうになるのだ．

では，この困難な挑戦をどのように進めたらよいのであろうか．これこそが今問われるべき課題なのであろう．

そこで，本項では，一足飛びではなく，段階的に総合力の実現に向かうというアプローチを提案しよう．すなわち，要素の単なる寄せ集めの状態から出発して，総合力が真に発揮できる状態に至るまでの5段階を設定して，それぞれの段階の特徴を明らかにしよう．

これによって，総合力を発揮させようとする際に，5段階のどこを当面の目標とするかを決定し，しだいに最終段階を狙って次の段階に進むという道筋をつけることができるであろう．

本書が提案する総合力への5段階とは，

- 【① 寄せ集め】
- 【② 窓口一本化】
- 【③ 接続】
- 【④ 混合】
- 【⑤ 化合】

であり，以下で順を追って検討していく．

(a) 第1段階：【① 寄せ集め】

第1段階【① 寄せ集め】は出発点である．ここでは複数の要素がただ集まっている状態，すなわち，寄せ集めの状態である．先に3.2節(2)(a)で用いた時計の例題では，図3.1に示すように，時計を構成する部品がただ集まっている「お盆A」に対応する．これは，システムの状態でなく，したがって総合力は発揮されていない段階である．

[ブランド効果との関係]

ただし，「お盆A」についている名札があって，そこに企業名とかブランド名が書かれていれば，そして，それが魅力あるものならば，その名札に引き寄せられて顧客がこのお盆に近づき，そして載っているものをみてくれるという利点はあるだろう．これはマーケティング分野でいうところのブランド効果である．しかし，本書の立場からいうと次に説明するように，ただそれだけのことということになる．

たしかに，多くのマーケティングの本が扱っているような，たとえば，化粧品や衣料品のように流行やイメージが先行する商品の場合には，「お盆A」についている名札（ブランド）の効果はあるであろう．

しかし，顧客の目は肥えてきているし，さらに，インターネットを駆使して多くの情報をもとに商品を比較検討できるようになってきた．したがって，多くの商品，たとえば，家電製品やコンピュータ関連機器や住宅関連商品などのように，性能・機能やデザイン性と価格などで比較可能で見分けのつく商品の場合には，単にブランド名だけでは勝負はできない．

つまり，顧客の立場に立てば，お盆Aの中の何かの品物を欲しいと思ったときに，現在はインターネットを用いて情報の検索は非常に容易であるので，他の企業の類似の品物を調べて機能・性能やデザイン，そして価格などを比較してどれを購入するかを決めるであろう．この際にお盆Aに載っている他の品物の存在はこの顧客の意思決定の何の助けにもならない．この段階ではお互いに品物が複数あることの効果はなく，つまり，総合力は発揮されていないので，勝負は品物ごとに単独で行われることになる．

世の中で，いわゆる総合メーカーを自称している有名企業の製品が，知名度

はそれほどは高くない専業メーカーの製品に負けることが多いのは，まさに総合力の効果がないのに，あたかもあるかのごとく勘違いしてそれを前提にして競争しているからだといえよう．

このように，【① 寄せ集め】の段階では，上記のお盆 A の話のように，その効果は顧客の目につきやすくなり競争の場に登場させてもらえるというだけにとどまり，他の要素の存在が助けになってくれるという状態には至っていないのだ．

[技術の横展開との関係]

なお，この【① 寄せ集め】に関係すると思われる別の例を少し述べておこう．それは「技術の横展開」である．技術系企業では「技術の横展開」ということが奨励される．これは，ある分野で確立した技術を他の分野で活用するということである．

縦割りの組織運営が一般的であるので，その枠を破って横の組織に展開するということであるから，これはこれとしてすばらしいことである．これが実現できる技術系企業は，技術を有効に活用して事業範囲を広げることができるであろう．

しかし，このような企業は往々にして，この展開図を自慢して「わが社はこのように，中核的な技術をいろいろな分野で活用できるという総合力があります」と外に向かっていおうとする．しかし，このようなことは顧客の直接の関心事ではない．それは顧客からみれば，ただお盆に寄せ集められて載っているだけなのである．

総合力の発揮を目指すならば，この第 1 段階にとどまらず，次に順次述べていくように，第 2 段階，第 3 段階と，最終的には第 5 段階を目指して，さらに一歩ずつ先に進まなければならない．

(b) 第 2 段階：【② 窓口一本化】

第 2 段階である【② 窓口一本化】は，第 1 段階の【① 寄せ集め】の状態から一歩前進している．ここでは，複数の要素が寄せ集められているが，顧客か

らの窓口が一本化されている状態である．

多くの要素の中から，顧客がいくつか複数の要素に関心があり，かつ，その関心のある要素ごとの窓口ではなく，一本化された窓口があれば，顧客からみれば交渉の手間の軽減というメリットがある．すなわち，こういう企業は，顧客に対して「複数の要求に一度で応えられます」という総合力らしきものを発揮できるというわけである．

【① 寄せ集め】の段階から，せめてこの【② 窓口一本化】の段階に進もうとするにあたって，一見畑違いのようではあるが，行政が現在進めようとしている各種の行政サービスのワン・ストップ化の取り組みが参考になろう．たとえば，

・電子行政サービスの改善の一環として，引越し，結婚，出産などという異なる行政手続きの窓口の一本化
・地方自治体で，子供に関する手続きが教育委員会，保健福祉課などに分かれている窓口の一本化

などの取り組みである．

さて，このような行政での取り組みを企業経営に当てはめようとするには，とくに，B to B 事業の場合を考えてみるとわかりやすい．つまり，顧客企業に対して，多くの事業部，あるいは，多くの関連企業への窓口一本化に対応すると考えられるからである．

ところが，このような一本化については，行政に比べて柔軟性が高いといわれる企業のほうがむしろ取り組みや実現が遅れているという意外とも思える事実に気がつかされる．

その大きな理由は，企業では原則的に組織（事業部や関連企業）ごとの独立採算が強調されているからである．つまり，顧客企業からの窓口は営業窓口とよばれることが多いが，これらは事業部ごと，あるいは，関連企業ごとに分かれており，他の事業部や関連企業のことについては，自分の直接の成績につながらないので，きちんと対応しようとしないことが多いのである．

総合力発揮というからには，せめてもこの第2段階である窓口一本化の実現

に向けた組織やマネジメント面，とくに，管理会計の改善が必要であろう．なお，この点については3.3節(2)(a)で改めて検討する．

(c) 第3段階：【③ 接続】

　第3段階【③ 接続】は，複数の要素がたがいに接続できる（あるいは，同一のインターフェースをもつ）状態である．たとえば，顧客に対して，「別々のことを複数つなげて，こんなに楽しいことが容易にできます」と訴求できる状態である．

　典型的な例を，次のような家庭電気製品やパーソナルコンピュータ（PC）関連製品の間の簡単接続機能の提供にみることができる．

> 「デジタルカメラ（やビデオカメラ）で撮影した子供の写真（や映像）をPCに取り込み，それをインターネット経由で田舎にいる祖父母のPCに送り，祖父母はPCと接続できる大型テレビの画面で子供の写真（や映像）をみることができる，という楽しい生活が非常に簡単にできます．それは，わが社の製品群にはお互いに簡単に接続できる機能があらかじめ備わっているからです」といって，自社のデジタルカメラ（やビデオカメラ）とPCと大型テレビを売り込む．

　上記などは，かなり前から一般化している．実際に，「家庭電気企業名」と「リンク」という2つのキーワードで，インターネット上の情報を検索してみると，多くの家庭電気企業が自社の公式サイトで，多くの種類の製品があることを誇示し，しかもそれらは簡単に接続できるので，上記のような楽しく価値ある使用法がいろいろなパターンでできて，家庭生活が充実しますなどとアピールしていることがわかる．

　第1段階の【① 寄せ集め】では，いくら製品の種類があっても，個々の製品の販売の際には他の製品の存在は助けにならなかった．しかし，上記の例では，接続できる他の製品があるという理由で当該製品が選ばれるという効果が発揮できているのである．

　その一方で，どれか一部の製品をもっていないために上記のようなリンクが

構築できず，そのため簡単接続による楽しい生活情景を顧客にアピールできない企業は苦戦を強いられている．

以上の典型的な例を参考にして，他の製品群や，さらにはまったく異なるカテゴリーの製品やサービス群との接続を考案して，それが顧客生活の利便性，快適性，安心・安全性などを高めることができると訴求することを行うのはそれほど難しいことではないであろう．

同じ事業部では当然であるが，範囲を広げてセミ・オープン環境，すなわち，他事業部やグループ内の他企業の製品や事業との効果的な接続を企てることは，大きな可能性をもつ．そして，これらの要素をもたない他企業に比べると「総合力」による優位性を確実に出すことができるのだ．

とくに，日本企業が，キャッチアップ段階にある途上国からの激安製品の攻撃にさらされる場合にも，ここで述べた【③ 接続】による総合力で一定の対応効果はあると考えられる．

(d)　第4段階：【④ 混合】

第4段階【④ 混合】は，複数の要素のそれぞれの機能が一まとまりになって同時に実現されている状態である．化学のアナロジーを用いると混合物の状態である．たとえば，水と油を混ぜると化合しないで，両者の混合物ができる．それは，水と油の両方の性質を同時にもっている．

この混合物の段階では，顧客に対して「複数の機能を同時にもった製品やサービスです」と訴求できる．もちろん，この前提として，顧客にとって価値のある混合物でなければならない．

古典的な例として，ラジカセ（ラジオカセットレコーダー）がある．1960年代の末から1970-80年代にかけて，多くの家庭電気メーカーがあいついで発売したカセットテープレコーダーとラジオチューナとが一体となった音響機器である．

最近の例としては，松下電器（現：パナソニック）の「フィルターお掃除ロボットエアコン」をあげることができる．その開発談（日経ビジネス，2006）によると，

- 従来のように自分が所属するエアコン事業部だけで商品開発をすると，突破口はみつからない
- 試行錯誤の結果生まれたのが，掃除機をエアコンに組み込んだような商品だ
- 実は，エアコン開発者が別の事業部の掃除機の開発者に協力を仰ぐのは大きなハードルがあった
- しかし，商品別の事業部制が2001年に解体され，横断的に商品開発をする体制が2003年には本格的に動きはじめた．このような組織的バックアップがあったから成功したといえる

という興味ある経緯が報告されている．

　実は，この製品は新しいカテゴリーの家電製品という位置づけではなく，エアコンの改良機種としてエアコン売り場で販売された．つまり，けっして掃除機とエアコンの対等の「混合物」とはいえないものではある．しかし，それでも発売されると大きな反響をよんだ．

　上記のラジカセや「フィルターお掃除ロボットエアコン」の例を読むと，このようなことなら自分でもできそうだと多くの技術者は思うであろう．これらの先駆的な試みに刺激を受けて，多くの分野で「混合物」が開発されることを期待したい．

　このような「混合物」の開発は専業メーカーでは難しい．複数の要素があってはじめてその「混合物」はできるからである．この意味で「混合物」の段階は，複数の要素をもっている企業が，総合力を発揮するための1つのわかりやすい実現イメージとなろう．

　しかし，同時に，上記の「フィルターお掃除ロボットエアコン」開発談によると，この成功は組織的バックアップがあったからとマネジメントの重要性を訴えている．この点に関しては，本節の次項(2)で改めて検討したい．

(e)　第5段階：【⑤ 化合】

　第5段階【⑤ 化合】は，複数の要素が結合して新しいものを生む状態である．化学のアナロジーでいえば化合物の状態である．

そして，この段階が前3.2節でいうシステムの状態である．換言すれば，真の意味で総合力が発揮されている状態である．たとえば，水素と酸素とで化合物としての水ができるが，水は水素や酸素とはまったく異なる性質（創発性）をもっている．これが混合物との違いである．

顧客に対しては「これまでになかった新しい機能を実現できます」と訴求できる．

ただの【① 寄せ集め】の第1段階から，この第5段階の【⑤ 化合】の状態を直接に目指すことが，総合力発揮の本来のアプローチであろう．しかし，この道を一気に駆け上がることは分業化の進んだ企業の現場ではなかなか容易ではない．時として「総合力を発揮せよ」との掛け声が，非常に無謀のように感じられるのはこのためといえる．

このような状況にあって，途中の段階を明示して一歩一歩総合力発揮の道を登っていく道筋を示そうとしたのが，本項で述べている5段階モデルなのである．

それでは，最終段階の【⑤ 化合】の良い例はあるのであろうか．これは関心の高いところであろう．

科学や技術の世界では，多くの例をあげることができる．科学の世界での例としては，生物学と化学から生化学が，物理学と化学から物理化学が，というそれぞれに新しい科学の分野が生まれている．技術の世界では，たとえば，機械技術（メカトロニクス）と電子工学（エレクトロニクス）からメカトロニクスが，バイオ技術と情報技術からバイオインフォマティクスがそれぞれ新しく誕生している．

企業における製品や事業における良い例は，実はなかなか見当たらない．しかし，今日の高度技術社会では，一般によくいわれる科学と技術の一体化に加えて，科学と技術と製品の一体化が進展している時代と位置づけることもできる．すると，先に述べた科学の世界と技術の世界で「化合物」の実例があるということは，同じように製品（や事業）でも早晩多くの「化合物」が生まれることを示しているのではないだろうか．読者の今後の試みにおおいに期待したい．

その際に，1つのヒントとなる記事（日本経済新聞，2009）を紹介しよう．

- 2009年1月に創業200年超の米国老舗企業デュポンに初の女性CEO，エレン・クルマン氏が誕生した．彼女は1998年にGEから転進して，石油化学製品が主体だったデュポンを，バイオ技術や代替燃料なども手がける企業に導いた．
- たとえば，彼女は防弾チョッキの材料となる特殊繊維など，社内に分散していた素材やノウハウに着目．
- 「安全対策」の用途で切り分けた新規事業は，米同時テロの発生や新興国での安全基準見直しなどを受け，国内外で多くの顧客を開拓し，今では売り上げ高の2割を占める事業の柱となった．

　この記事を本項の文脈にしたがって強引に解釈すると，防弾チョッキの材料や各種の素材やいろいろなノウハウを化合して「安全対策」事業という化合物を作ったということになるであろう．
　上記の例は，もちろん化合物というにはかなりお粗末な話といえよう．しかし，この程度のことはその気になれば誰にでもできそうなことではないだろうか．
　「化合物」を作ろうという目的と意志をもつことが重要であり，そして，いくつも「化学実験」を試みていくうちに，本物の化合物ができるにちがいない．
　この「化学実験」をする場として，全社的（社長の）観点での社内研修が有効であろう．この研修とは，多くの事業部やグループ企業から，できれば部長クラスの「研修生」を集め，たとえば，本章で提案した「総合力への5段階」や第1章で述べたイノベーションの意味などを習得し，そのうえで，他の事業部やグループ企業からの研修生たちと議論することで効果的な連携や結合を試み，事業部やグループ企業枠を超えた新規事業（化合物）を考案して経営トップに提案するというものである．

(2) 総合力展開のマネジメント

　前項(1)で述べた総合力の5段階を上っていくには，それを支援する組織的な仕組みの構築とその効果的な運用管理の実施が必要となる．本項ではそれらのあり方や構築の考え方を提案する．また，経営トップの役割の重要性も強調

する．

(a) 総合力展開の要件

前項(1)において述べてきた総合力を発揮するアプローチを企業において効果的に実践するためには，それを可能とし，また，推進・支援する組織的な裏づけが必要となる．

その理由は，一般に企業は分業の原理に基づき，分割された部分を担当させる事業部やグループ企業を設置し，その各々の部分ごとの目標達成を目指すように制度設計されて日常的に運営・管理されているからである．これは，ここで議論している総合化の方向とは逆向きの専門化，あるいは，部分化の方向なのである．

したがって，この部分化志向を基盤とする日常的運営を続けて収益を確保しながらも，それと並行して，ここでいう総合力発揮の実践を可能とするためには，そのための特別の取り組みが必要となる．

それでは，どのようなことをすればよいのであろうか．実は，この課題を考察するにあたって，本書の第1章「イノベーションの基本思想と実践的展開」，とくに，その1.1節(1)の(a)(b)がヒントを与えている．それは，次の3つの点においてである．

① 部分最適化の方向にある日常的な企業運営を慣行軌道とみて，総合化の取り組みを新軌道での運営とみる．すなわち，総合化の運営を取り入れることを企業運営におけるイノベーションとしてみる．
② Schumpeterはイノベーションに関する新結合を議論したが，それは，前項(1)で提案した「要素の組み合わせに関する総合化の方法」の議論に対応している．
③ Schumpeterの盲点の1つとして企業の統合化されたマネジメントレベルのイノベーションの議論の欠如をあげ，その重要性を先に述べたが，これに対応するのが本項(2)での「組織的な取り組み」に対応すると考えられる．

以上から，本項では次のように考える．つまり，これまで新規事業や新製品のコンセプトを考案・提案する総合化の必要性と重要性，ならびに，それを実現する手順を述べてきたが，企業で効果的にこれを実践するためには，総合化をマネジメントレベルでのイノベーション（軌道の変更）としてとらえるべきであるということである．

具体的には，次に述べるようなトップマネジメントのリーダーシップの発揮，および，企業全体レベルでの運営に関するマネジメント面での工夫と，それを実行するという決意が必要とされる．

[リーダーシップ]

まずは，「総合力を発揮して企業を飛躍させる」という方針を明確にすることが重要である．この際に，従来しばしばいくつもの企業においてこれに近い方針が掲げられたが，それらが現実性のともなわない精神論であったことの反省をふまえて，総合力発揮ということの定義と道筋を提示することが必要であろう．

たとえば，前項で提案した「総合力への5段階」はその1つのアプローチであった．このアプローチの長所は，くり返すと，総合力の発揮を目指して，現状の段階の確認と，その段階を先に進めさせるための目標段階を具体的に提示できる点にあった．

上記①で述べたように，総合化の道を目指すことは企業全体の運営にとってイノベーションを実施することに対応するので，その新しい軌道の内容とそれに至る道筋を提示するのは，トップマネジメントだけが可能で，そして期待されている役割なのである．

[マネジメント]

この場合のマネジメントとは，総合力の発揮につながる行動を評価し奨励する評価体制を全社的に構築し運用することである．

これを確立しないままで総合力の発揮を要求することは，「2階に上がらせて，はしごをはずす」ようなものである．これでは，かえってマネジメントに対する不信感を募らせることになる．実は，残念ながら多くの日本企業はこの

状態にいる可能性が高い.

この評価体制の具体的な内容と構築の仕方は，属している産業の種類やその企業の歴史と風土，さらにその企業のもつ競争力などによって異なるであろう.しかし，最低限なすべきこととして，次に述べる事柄に対する工夫は必須といえる.

・従来からの自部門貢献に加え，他部門貢献（総合化協力），さらには全社貢献（総合化貢献）の評価指標の構築と運用（例，複数の費目（アカウント）に計上できるというダブル（トリプル）アカウントを効果的に実施できる管理会計の構築と運営）.
・総合化協力と総合化貢献を目にみえる形（例：賞与，昇進）で評価する人事体制の構築と運用.

以上で述べたように，トップマネジメントが「リーダーシップ」の発揮と「マネジメント」体制の確立を実施すれば，前項で提案した総合化へのアプローチは力強く進むであろう．この場合，まさしくトップがイノベーターなのである．

(b) 日本企業の躍進

すでに本章の3.1節(2)で日本企業はセミ・オープンの領域で総合力を発揮してイノベーションを起こす潜在力があることを述べた．そして，3.2節と3.3節とで，具体的にその実践のアプローチを提示してきた．したがって，総合力展開のアプローチを実際に推し進めれば，日本企業の躍進は期待できると考えられる．

さらに，世界的な競争環境という観点からも，総合化の発揮による飛躍を志向する日本企業は優位にあるということにふれておきたい．ハーバード大学のPorter（日経ビジネス，2009）は，「多角化した企業で相乗効果（総合力）が発揮できれば良いのだが，これは非常に難しい」と総合力の有効性を認めつつも，実際にそれを実現するのは困難であるとの否定的な見解を世界に広めている．そのために，この実りある道を進む競争企業は世界的にみて少ない可能性が高

> トップに問う：「総合力を発揮したいか？」
> Yes ならば，さらに問う：「マネジメント施策を構築したか？」
> ・Yes ならばその企業躍進は確実
>   トップが本気とわかるのでみながついてくる
> ・No ならば【本気でない】── 部分最適化で我慢
>   【必要性がわからない】── トップ教育が必要

図 3.2　総合力発揮でのトップの重要性

いのである．

　さて，これまで，日本企業が総合力を発揮して躍進する高い可能性があることを述べてきた．非常に重要であるのでくり返すことになるが，そのためにはトップの意志とリーダーシップのあり方がもっとも重要なポイントとなる．

　この点を確実にするために，トップに対して図 3.2 のように問うてみるのがよいだろう．実は，この図はトップ自ら問うのが効果的であり，その目的のために作られている．

　まず最初に，トップは自分自身に，「総合力を発揮したいか？」，具体的には，「多事業部やグループ内企業を結集して，新たな事業，すなわち，イノベーションを起こしたいか？　そして，それを，方針として明らかにしているか？」と問うことを勧める．

　もし，この最初の問いに No ならば，総合化の方向ではなく，選択と集中の観点から組織を組み立て直し専業企業として生きる戦略を立てるべきであろう．ただしこの場合，今後，途上国からの競争は激しいものがあるとの覚悟が必要である．

　もし，上記の最初の問いに Yes ならば，さらに，トップは自らに「総合化をバックアップするためのマネジメント施策を構築したか？」と問うべきである．

　ここで Yes ならば，その企業の躍進は確実といえよう．つまり，そのマネジメント施策を構築するほどにトップが本気であるということになるので，従業員全員が安心してついてくるからである．

　もし，No ならば 2 つの可能性がある．その 1 つめは，総合化はかけ声だけで，トップは実は本気でないという場合である．この場合にはこの企業の従業

員は事業部ごとの部分最適化で我慢するしかないであろう．

次の2つめの可能性は，トップは総合化については本気であるが，そのためのマネジメント施策の必要性がわかっていなかったという場合である．この場合には，マネジメント施策構築のための特別チームの結成を行うなどの広義のトップ教育を進めるべきである．

(c) オープンイノベーションとの関係

すでに3.1節で吟味したように，かけ声だけのオープンイノベーションには注意を要する．とくに，日本でよく起きていることであるが「弱い企業がその弱点を補うためにオープンイノベーションを行おうとする」ことは危険である．先に述べたように，強い企業の餌食になる公算が高いのだ．

皮肉なことだが，先に明らかにしたように，自分が強いことがオープンイノベーション成功の秘訣である．ということは強い企業がオープンイノベーションを実施することでますます強くなるということである．

では，まずどのように自社を強くすればよいというのだろうか．そのアプローチの1つが本章の提案であった．つまり，日本企業は本章で提案したセミ・オープンイノベーションによる総合力発揮の展開によって，そもそもの目的であるイノベーションも起こせるし，その結果として，同時に強くもなれるのである．

なお，このようにして，強くなれば自然と魅力が増し，多くの外部の企業や機関から協同の申し込みが殺到することになるであろう．黙っていても，オープンイノベーションをリードする環境が築かれるということである．

もし，このときオープンイノベーションが必要だというのであれば実行するのは容易である．なぜなら，その企業はセミ・オープンイノベーションをすでに実践した経験のおかげで，内部と外部との微妙なマネジメントの舵取りのノウハウの基本を習得している状態にある．つまり，このような企業は，必要とあれば，オープンイノベーションを効果的にリードできる立場に立っているといえるのである．

議論のための課題

(1) オープンイノベーションとセミ・オープンイノベーションを比較して長所と短所を議論しなさい．

(2) 総合力を考える例として，本章では時計と多事業部をとりあげた．これ以外の例をあげて，その場合の創発性とは何かを議論しなさい．

(3) 本章では日本の技術系企業に対して，「製造総合力」でなく「提案総合力」を今後発揮するようにと提案している．その理由を議論しなさい．

(4) 本章では，「総合力への5段階」を提案した．各々について本章で述べている以外の例をあげなさい．
 (4-1) 【① 寄せ集め】の例
 (4-2) 【② 窓口一本化】の例
 (4-3) 【③ 接続】の例
 (4-4) 【④ 混合】の例
 (4-5) 【⑤ 化合】の例

(5) 総合力の発揮には，トップマネジメントの果たす役割が重要であることを述べた．それがなぜ，どのように重要なのかを議論しなさい．

第 4 章

マーケティングを統合する
イノベーションの挑戦

　これまで，第 1 章ではイノベーションとは何か，そしてそれをどのように他人と異なる見方で攻めるべきかを検討した．第 2 章ではイノベーションを企画・開始する際の問題のとらえ方とそれを克服するアプローチを議論した．第 3 章では，とくに，日本企業が「提案総合力」を発揮してセミ・オープンイノベーションを効果的に実現する手順を提案した．

　本章では，将来に向かって，イノベーションの立ち向かうべき課題を検討したい．それは，イノベーションの目標や進め方を決定するうえで，世の中のニーズと技術開発のシーズとの関係をどう考えるか，そして，そのどちらに基づいてイノベーションのあるべき姿を構想したらよいのかというもっとも根源的な課題である．

　この課題を検討するにあたり，まず，マーケティングとイノベーションの基本的な考え方や両者の関係の歴史的変遷を再吟味する．そして，伝統的なマーケティング手法が今日の高度技術社会において示す限界を見極めたうえで，イノベーション機能がマーケティング機能を統合して，企業が強力にイノベーションを目指すべきという展望を提示する．

4.1 マーケティングとイノベーションの役割と関係

本節は，まず企業にとってマーケティングとイノベーションはいかなる地位を占め，そして，どういう機能を果たしているのかを再確認する．ついで，この両者の関係が一般的にどのようにとらえられているかを検討する．さらに，この両者の間に頻発する軋轢を吟味し，その解決に向けての試みの現状を述べる．

(1) マーケティングとイノベーションの概要

まず最初に，マーケティングとイノベーションこそが，企業の2つの基本機能だと喝破したDruckerの卓見を確認する．ついで，今日，一般的にマーケティングとイノベーションが各々どのように理解されているかを述べる（なお，この両者の歴史的発展の経緯は次の4.2節で詳細に議論する）．

(a) Druckerの卓見：企業の2つの基本的機能

20世紀から21世紀初頭にかけて活躍した経営学者とも社会学者ともいわれるDruckerは，すでに50年以上も前に，企業とは何かという点について次のような優れた見解を表している．

まず，「ビジネス（企業）とは何かを知ろうとするには，それが社会に対して果たす目的を考えることからはじめなければならない」(Drucker, 1954, p. 37)といって，

> ビジネス（企業）の目的は何かといえば，その有効な定義はただ1つしかない．それは，顧客を創造することだ (Drucker, 1954, p. 37)

と，企業の目的を明らかにした．著者の知るところ，企業の目的についてこれ以上優れた定義は今日のところ存在しない．

ついで，このような企業に関して，

> 顧客の創造が目的だから，いかなる企業にも基本的な機能が2つだけある．それは，マーケティングとイノベーションだ（Drucker, 1954, p. 37）

といって，マーケティングとイノベーションをとくに名指しして，この2つのみが企業の基本的機能であると喝破したのである．

なお，ここで Drucker は次のようにいう．

- マーケティングとは，製品やサービスを市場（マーケット）に出すこと（Drucker, 1954, p. 37）．
- イノベーションとは，より優れた，より経済的な製品やサービスを作ること（Drucker, 1954, p. 39）．

上記の Drucker の 1954 年当時のマーケティングとイノベーションの定義は，これから 4.2 節で述べるように，その後の両分野の発展によって拡充・修正を受けることとなるが，しかし，その基本的視点は本質を突いている．

とくに，本章がここで注目したいのは，Drucker がマーケティングとイノベーションを企業の基本的な2つの別々の機能としてとらえている点にある．これに対して本章では 4.3 節において，今日の高度技術社会ではその特徴を考慮すると，この両機能は1つに統合されるべきであるとの見解を主張するのである．

(b) マーケティングの概要

前項で，マーケティングとイノベーションは企業の2つの基本的機能であることを述べた．そこで，次にここで，それら両者の概要を述べておくことにする．

マーケティングをどのように考えるか，とくに，その考え方の誕生から今日に至るまでの歴史発展に沿った説明は，次の 4.2 節でイノベーション概念の歴史的発展と比較しながら詳細に述べることになる．

しかし，その前にここでは，今日一般的にマーケティングとはどういう機能をもつものとして理解されているか，その概要を述べておくことにしたい．

マーケティングといえば，市場調査や顧客ニーズ調査，あるいは，宣伝や販売の方法，さらには，価格の決定などがただちに思い浮かぶように，顧客にいかにして製品を多く売るかを扱う分野であるとイメージされることが多いだろう．たしかに，マーケティングとはもっぱら製品の売り方を扱う分野だと一般的にはとらえられがちである．そして，実際，それは一面の真実であるともいえよう．

しかし，今日のマーケティングの一般的教科書では，売り方ではなく，むしろ売れる製品をどのように計画したらよいのかという側面を重視せよと主張する．つまり，

> マーケティングの中心課題は，作った製品をいかに売るかではなく，いかに売れる製品を作るか，換言すれば製品計画である

ということである．
このためには，

> 顧客が何を欲しているかそのニーズを調査して，それに合わせた製品を開発すべきである

と主張する．後に本章で幾度となく強調することになるが，このようなニーズ志向の考え方が，現代マーケティングの基本思想である．

さて，単に顧客といってもあまりに広すぎるので，マーケティングはどのような範囲の顧客層（たとえば，男女，年齢区分，地域，職業など）を狙えば効果的なのかという議論をすることになる．

たとえば，マーケティングのSTP戦略とよばれるものがある．それは，自社の製品を計画するためには，

・どのように顧客を区分（Segmentation）したらよいのか
・その区分で，どこに狙い（Targeting）を定めるのか
・そこで自社をどのように位置づけて（Positioning）アピールすればよいの

か

という大きな方針，すなわち，マーケティングの戦略的意思決定をすべきだと教えている．

ついで，4Pとよばれる個々のマーケティング戦術といわれるものの意思決定を行う．すなわち，

- Product（製品）
    多様性，品質，デザインなど
- Price（価格）
    標準価格，割引，アローワンスなど
- Place（販路）
    チャネル，流通範囲，品揃え，立地など
- Promotion（プロモーション）
    販売促進，広告など

の内容を決定すべきというのだ．

以上が，非常に要約されてはいるが，今日一般的に考えられているマーケティングの概要である．

(c) イノベーションの概要

イノベーションとは何か，その基本的な考え方については第1章で述べている．さらに，イノベーション概念の歴史的変遷は，マーケティングのそれと対比しながら4.2節で詳しく述べることになる．

その準備段階として，本4.1節では，次項(2)において，マーケティングとイノベーションとの関係や，この両部門の間に起きている問題や葛藤，さらに，それらの解決のための試みなどを検討したい．そのためにまずここで，イノベーションの概要について，第1章で述べた要点を再確認する形で述べておきたい．

イノベーションの定義の土台は，資本主義社会の発展の源として企業活動を

4.1 マーケティングとイノベーションの役割と関係　　113

考察した Schumpeter（1926）にあり，それは今日においてもゆらぐことはない．その土台とは，

　　イノベーションとは軌道の変更（非連続変化）である

ということである．
　そして，これは，次のような企業活動の5つの場面において新しい企て（新結合）をすることで実現できると Schumpeter（1926）は述べている．

　① 新製品の開発
　② 新生産方法の開発
　③ 新市場の開拓
　④ 新資源供給源の開拓
　⑤ 新組織の開発

　なお，本書では，Schumpeter（1926）のこの5つの場面での新結合の議論には実は盲点があり，上記の5つの場合に，さらにあと2つの場合の追加が必要であるとの指摘を，第1章の1.1節で行っている．しかしながら，基本的な考え方として Schumpeter（1926）の上記の議論は今日でも適用できる．
　さらに，Schumpeter（1950）は，このようにして新しい軌道を打ち立てていく企業が，従来の軌道を進んでいる既存企業を破壊し淘汰していく様子を「創造的破壊」とよんでいる．つまり，

　　イノベーションとは創造的破壊である

という言い方もできるというのである．
　なお，イノベーションは，第1章の1.1節で述べたように，

　　S字カーブの乗り換えである（図1.4参照）

ということもできる．この表現は直感的にわかりやすい．

以上が，これも非常に要約した形ではあるが，今日一般的に考えられているイノベーションの概要である．

(2) マーケティングとイノベーションの関係

これまで，マーケティングとイノベーションは企業の2つのみの基本的機能であるとのDrucker (1954, p. 37) の言葉を述べ，ついで，マーケティングとイノベーションとは何であるのかについて，各々要約した形ではあるが，その概要を述べてきた．

本項では，マーケティングとイノベーションの関係が，今日一般的にはどのようにとらえられているのかを，両者間の軋轢や，その解決のためのいくつかの試みなども加えて検討する．

(a) マーケティングとイノベーションの関係の一般的理解

今日，一般的にいえば，マーケティングとイノベーションは多くの場合別々のものとして扱われている．

企業においては，マーケティングを担当する部門はマーケティング部（あるいは，商品企画部や営業部）であり，イノベーションを担当する部門はイノベーション部（あるいは，新規事業開発部や研究開発部）というように，別々の組織に分かれている．そして，後に(b)項で述べるように，この両部門はお互いに反目していることが多い．

大学での教育も伝統的には別々に行われている．マーケティングは主として文科系の経営学部で教育され，イノベーションは主として理工系の工学部で教育されている．したがって，この両方の授業を受ける機会に恵まれている学生は非常に少ない．

大学の研究者も分断されている．マーケティング研究者の成果は，たとえば，マーケティング学会などというそれ専門の学会で，イノベーションについてはイノベーション学会などというまた別の学会で発表され議論されている．実際問題として，両分野の研究者が一堂に会して議論できる場はほとんどないといってよいであろう．

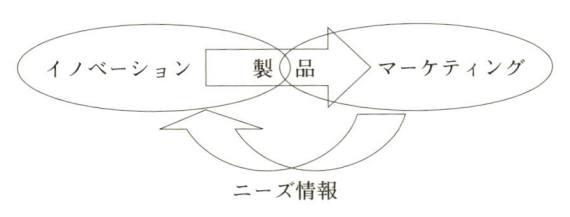

図 4.1 マーケティングとイノベーションの関係の一般的理解

なお，大学院の教育と研究の分野では，最近になって新しい分野として「技術経営」や「MOT (Management of Technology)」などといわれる大学院の研究科や専攻が設置されはじめ，そこでは，マーケティングとイノベーションがともにカリキュラムに登場している．ただし，それでも各々を別々の教員が担当していて，依然として両者は別授業，別分野という扱いであることに変わりはない．

さて，このように別々に扱われているマーケティングとイノベーションではあるが，その両者の関係を表すとすれば，一般的には図 4.1 に示すように非常に簡単な関係として理解されているといえよう．つまり，イノベーション部門が製品を作り，その製品をマーケティング部門が販売する，というようにである．

これは，先に 4.1 節 (1) (a) で指摘したが，まさに Drucker (1954) が述べたように，イノベーションは「より優れた，より経済的な製品やサービスを作ること」であり，マーケティングは「製品やサービスを市場（マーケット）に出すこと」にちょうど対応している．

ところで，図 4.1 でとくに注意すべき点は，マーケティングからイノベーションへとニーズ情報の流れが書いてあるということである．この情報を流す目的は「顧客のニーズに基づいてイノベーションを行うことで，より売れる製品を作る」ということにある．

一般的には，ニーズ情報の役割に関するこの考え方は正しいと理解されている．しかし，後に本章では，とくに，4.3 節において，このニーズ情報に関する考え方に対して大きな修正を加えることとなるいくつかの議論を行うこととなる．

(b) マーケティングとイノベーションの軋轢

　先にも指摘したように，一般的にいえば，企業においてマーケティング部門とイノベーション部門は別の組織となっている．たとえば，それぞれが別々の副社長をトップとする別々の組織として運営されていることが多い．したがって，組織の縦割り運営の弊害で，そもそもこの両部門でお互いの理解が十分でない企業が多い．

　さらに加えて，図4.1に書かれているマーケティング部門からイノベーション部門へのニーズ情報の流れが，効率的に行われていないことも多い．あるいは，伝えられたニーズ情報が効果的に活用されていないこともしばしば起きている．

　その結果，マーケティング部門とイノベーション部門はお互いに，次に述べるような不満をもつことが多い．

【マーケティング部門がもつイノベーション部門への不満の例】
・顧客のニーズを無視して，技術者が独りよがりの機能や性能をもつ製品を作るので売れない．
・技術的に優れているとイノベーション部門はいうが，実は独自性のない他社と同じような製品を作るので，他社にすぐに真似されてしまう．
・イノベーション部門は効果的・効率的に製品を開発できないので，競合他社より製品価格が高くなってしまい，そのために売れない．

【イノベーション部門がもつマーケティング部門への不満の例】
・顧客のニーズを知ることの重要性は理解しているが，マーケティング部門から伝えられる情報は正しくニーズを表現していない．
・せっかく苦労して作った製品の技術的特長をマーケティング部門は充分に理解していないので，その良さをきちんと顧客に説明することができず，そのために売れない．
・マーケティング部門は，製品のユーザとして本来ふさわしい顧客層ではなく，場違いの顧客層に販売しようとしているので売れない．

こうして，製品が思うように売れない場合には，その責任をお互いに相手の怠慢だと非難しあっている．このように，マーケティング部門とイノベーション部門は，一般的にいえば，同じ企業に属していながら犬猿の仲になりがちであるといえよう．

(c) マーケティングとイノベーションの関係の改善

前項で述べたようなマーケティング部門とイノベーション部門の軋轢を改善しようと，いくつかの企業では，いろいろな試みがなされている．その多くは，両部門でお互いに対する理解を促進し，さらに，両部門の連携を強化しようとするものである．たとえば，

・両部門間で情報の共有
・両部門間で人事の交流

がその代表であろう．

しかしながら，このような努力をしても両部門間の軋轢解消はなかなか成功しないという現実がある．実際に，いわゆる知識マネジメントや新しい情報システムを導入して両部門間の経験や情報の共有化を進展させようとしたり，あるいは，両部門のトップを入れ替えさせるなどの人事の交流を行っても，その成果は一般的にはかんばしくないのが実情といえる．

そこで，相互理解とか連携などという対等な立場を前提にするのが無理であるとの考えのもとに，むしろ，どちらか一方の部門に優先権を与えて主導権をとらせてしまうというアプローチをとろうとする企業も出てくる．具体的には，製品の利益責任をはっきりとした形でどちらかの部門に与えるというものが多い．

実際に，歴史的に技術尊重の風土が支配的なある技術系企業において，トップの格段に強力なリーダーシップのもとに，マーケティング部門に製品の利益責任を明確に与え，その主張に沿った製品開発を行うことを断行した企業もある．

しかし，このマーケティング優先のアプローチだと，現製品の改善や，せい

ぜい次世代製品の開発には効果はあるが，その先の長期的展望にたった独自製品の開発には大きな不安を残すという欠点もある．

結局のところ，マーケティング部門とイノベーション部門の軋轢の解消は多くの企業において，解決すべき重要な課題として，いまだに大きく立ちはだかったままでいるというのが現状である．

これに対して本章では，マーケティングとイノベーションの機能をもう一度詳細に吟味し，さらに，今日の高度技術社会の特徴を正しくふまえて，両者の関係を検討し直そうとするものである．そして，本章の4.3節で述べる結論を先取りしていうとすれば，マーケティングとイノベーションの統合という別のアプローチを提案することになる．

4.2　マーケティングとイノベーションの発展段階の同型性

本節では，マーケティングとイノベーションの各々の基本的な考え方の枠組みが，それぞれ歴史的にどのように変遷してきたのかを，両者を比較しながら検討する．

マーケティングについては，その発祥の地である米国でのマーケティング概念の誕生から今日に至る発展過程（丹羽，2006, pp. 69-110）をここでの考察の対象とする．

イノベーションについては（見方によっては太古からあり得るが）今日に影響を大きく与えている範囲に限定したいと考え，第2次世界大戦後から今日に至るまでの米国を中心とするイノベーションの発展過程（丹羽，2006, pp. 111-160）を対象とする．

上記の範囲の両者の歴史を比較すると，マーケティングとイノベーションは，その基本的考え方の展開における歴史的順序はほぼ同じ道筋をたどっていることが明らかになる．その順序とは，

【前期発展段階】
　・（第1段階）シーズ志向
　・（第2段階）ニーズ志向

【後期発展段階】
 ・（第3段階）顧客との協同開発
 ・（第4段階）顧客による開発
 ・（第5段階）インターネットによる広範囲化

というものである．

そこで本節では，この順序にしたがって，マーケティングとイノベーションの各々の基本的考え方の変遷を述べていく．

(1) 前期発展段階

マーケティングもイノベーションも最初の第1段階は「シーズ志向」とよび得るものであった．それが，次の第2段階では「ニーズ志向」へと進んでいく状況を以下の(a)(b)として述べる．

ちなみに，その後，後期発展段階としての種々の試みが部分的に企てられているとはいえ，マーケティングもイノベーションもともに現在の考え方の主流は，依然として「ニーズ志向」という第2段階で確立された基本的な考え方であるということを述べる．

(a) シーズ志向

マーケティングとイノベーションは，どのようなきっかけによってはじまったのであろうか．

マーケティング誕生の発端は，米国でメーカーの製造した製品の過剰在庫に対しての打開の活動であった．一方，第2次世界大戦後の米国におけるイノベーションのきっかけは，連邦政府による科学技術研究推進政策の成果が民間企業へ流出したことであった．

本項は，各々このような状況の説明から開始しよう．

［マーケティングのシーズ志向］

マーケティングの登場は，19世紀の後半から20世紀始めにかけての米国においてである．そのころ，米国の製造業の生産力は消費量に比べて飛躍的に拡

大していたため，メーカーは自分の作った製品の過剰在庫に苦しめられていた．

流通過程に滞る多量の在庫に悩んだメーカーはこれを打開しようとして，メーカー自ら最終需要（消費者）の市場（マーケット）開拓活動をはじめた．これをマーケット活動（マーケティング）とよぶようになった．そして，このころ，米国の大学では，マーケティングのコースが誕生した．

以上の経緯からもわかるが，初期のマーケティングでは「作った製品をいかに売りさばくか」という側面に焦点が当たっていた．このため，このころのマーケティングは「セリングコンセプト（selling concept）」の段階にあるといわれる．

さて，ここで，製品をシーズに，顧客をニーズに対応させると，この段階のマーケティングはシーズ志向であるということができるであろう．

[イノベーションのシーズ志向]

第2次世界大戦後から1950年代にかけて，米国はあらゆる面において世界の先頭を走っていた．

そのころの米国でのイノベーションは「サイエンス・プッシュモデル」として表現できる．サイエンス（科学）がイノベーションを創り出す（押し出す）という意味である．

具体的には，米国の連邦国家予算が原子力研究や宇宙研究，あるいは，医学研究などの科学研究に投入され，その研究成果の一部が企業に流出し，それが企業における画期的な製品開発へとつながって，イノベーションが生まれるという時代であった．

なお，米国でこのような「サイエンス・プッシュモデル」型イノベーションが登場したのは，第2次世界大戦中の米国において国家が先導した戦時研究開発体制（たとえば，原子爆弾開発のマンハッタン計画が有名）の経験をもとに，1950年に科学研究の資金を提供する機能を果たす全米科学基金（NSF: National Science Foundation）が創設されたことが大きな要因となっている．

さて，ここで，科学（研究）をシーズに，企業の製品をニーズに対応させると，この段階のイノベーションはシーズ志向であるということができるであろう．

(b) ニーズ志向

前項(a)のように，マーケティングとイノベーションがその第1段階を開始しそして進んでいくと，当然のことであるが，その効果や成果が問われるようになる．

そうなると，成果をより一層上げるためにはどうすればよいのかという目的を意識する思考がはたらき，それが，求められるものを明確にしてそれを目指そうとするニーズ志向という次の段階へ進む原動力になる．

［マーケティングのニーズ志向］

先に述べたマーケティングの第1段階「シーズ志向」の時代には，企業は顧客のニーズに合わせた製品を開発するということは考えもせず，製品の標準化，多量生産，多量流通，多量販売に努力を集中した．

しかし，マーケティングの第2段階といわれる時代に入ると，企業の関心は顧客の多様なニーズに向けられ，それに合った製品を開発しようと考えるようになった．

このように，企業の関心は，第1段階の「作った製品をいかに売りさばくか」ということから，第2段階の「いかに売れる製品を作るか」という側面へと移行することとなる．

この第2段階は，マーケティング・コンセプトの段階ともいわれる．先に4.1節(1)(b)で述べたマーケティングの概要とは，この段階での内容を述べたものである．くり返すと，マーケティングのSTP戦略や4P戦術などといわれる方法を駆使して，顧客のニーズを把握して，そこに狙いを定めて製品を計画しようとすることが，この第2段階のマーケティングの中核をなす考え方である．

こうなると，マーケティングの考え方は第1段階のシーズ志向からまったく逆向きのニーズ志向になったといえる．

なお，現在のところ，実際の多くの企業はこの段階にいる．つまり，今日，マーケティングの基本的態度は「ニーズ志向」だといえる．

[**イノベーションのニーズ志向**]

　先に述べた1950年代のサイエンス・プッシュモデルでイノベーションが表現できる時代が過ぎ，1960年代になると米国では大衆消費者の台頭が著しくなる．

　こうなると，イノベーションも消費財のほうに大きく目が向くようになる．すると当然なことではあるが，この分野では「消費者こそ商品を選択する」という原則が改めて認識されることとなる．

　その結果，以前のように科学技術がイノベーションを押し出すのではなく，マーケット（市場や顧客）のほうこそがイノベーションを引っ張るという「マーケット・プルモデル」がこの時代を反映するイノベーションのモデルだということになった．

　そして，イノベーションの中核的機能としての研究開発においても，市場や顧客の需要に対応してなされるべきという，ニーズ志向の研究開発マネジメントが主流の考え方となっていく．

　このように，イノベーション分野においても，上記のマーケティング分野と同じように，シーズ志向の第1段階の次にきた第2段階では，まったく逆向きのニーズ志向になったといえる．

　そして，興味深いことに，現在のマーケティングの基本態度が先にふれたようにニーズ志向であるのと呼応するかのごとく，イノベーション分野においても，とくに，研究開発マネジメントに代表的にみられるように，このニーズ志向の考え方は，現在の多くの技術系企業における王道ともよべる地位を占めている．

(2)　**後期発展段階**

　前項(1)で述べたように，現在，ニーズ志向はマーケティングの基本的態度であり，また，イノベーションの中核機能である研究開発の王道として一般に認識され，そして実践されている．

　しかし，そのような状況の中で，これから本項(2)で述べるような新しい考え方やアプローチが提案されてきている．そして，その一部は実行されるようになっている．

(a) 顧客との協同開発

前項で述べたように，マーケティングとイノベーションの両分野ともに，ニーズ志向ということで顧客の扱いの重要性に焦点が当たると，次に進んだ段階として，顧客と協同して製品を開発するという協同アプローチが視野に入ってくる．

[マーケティングにおける顧客との協同開発]

上原（1999, pp. 245-295）はマーケティング分野に「協働型マーケティング」という新しい考え方を打ち出した．それは，要約すると，

> それまでのマーケティングは，売り手（企業）が買い手（顧客）に製品のコンセプトを提案して，これを彼らに選択してもらうために，売り手が意図した方向に買い手を操作することを目的としていて，これが可能なのは，売り手のほうが情報を多くもっているからであった．しかし，今後の社会では企業と生活者との間の情報格差が縮小し，したがって，生活者が生産過程に主体的に介入してくるという新しい協働型マーケティングが出てくる

という主張である（なお，上原は上記のように「協働」という言葉を用いているが，本書では「協同」を用いる）．

ところで，マーケティング分野で「顧客との協同開発（生産）」という考え方の登場は，ある意味で画期的と思える．たしかに，それまでのマーケティングにおいて，顧客ニーズを調査したり，あるいは，顧客を買わせる気にさせるにはどうしたらよいかなどという側面においては顧客が登場するが，製品の開発や生産という場面での顧客との協同という考えに至るには，大きな飛躍をともなう．

というのは，先に4.1節で述べたように，企業活動をマーケティングとイノベーションという2つの基本的な機能からなるものとして把握するという従来からの一般的な考え方からすると，そもそも開発や生産の場というのはマーケティング分野ではなく，イノベーション分野のほうの守備範囲といえるからで

ある．

実は，ここに本書が次の4.3節で，マーケティングとイノベーションの統合を提案する1つめの伏線があるといえるのだ．

【イノベーションにおける顧客との協同開発】

これまで述べてきたように，イノベーションの第1段階（1950年代）はシーズ志向であるサイエンス・プッシュモデルで，第2段階（1960年代）はそれとは逆向きのニーズ志向であるマーケット・プルモデルで表現された．

さて，1970年代に入ると，上記の両方向（シーズ志向とニーズ志向）がともに必要であるという主張が登場し，さらにそれらを組み合わせることが重要であるという意味を込めて「カップリング・モデル」とよばれるイノベーションのモデルが提唱される．

この「カップリング・モデル」の考え方は，科学技術者と市場や顧客との間の双方向のコミュニケーションが重要であるとの認識に基づいている．両者のコミュニケーションに注目するということは，必然的に，科学技術を使って製品を開発する場面で，科学技術者が顧客と協同するという局面が登場することを意味している．

しかし，専門家としての科学技術者がその専門知識を駆使して製品開発をする際に，単にニーズ（製品に対する要求や，あるいは，製品の使われ方）を知っているだけと思えるいわば素人の顧客と積極的にかかわるということは，それまでの科学技術者にとってはまったく想定外のことであった．

これは，まさしくイノベーション活動を構成する重要な要素が，従来のマーケティングの守備範囲である顧客にまで拡張されてしまったという画期的なことといえるであろう．

ここにおいて，イノベーション側においても，次の4.3節でマーケティングとイノベーションの統合を提案する2つめの伏線がある．

(b) 顧客による開発

前項(a)では，マーケティングとイノベーションの両分野で，顧客との協同開発という，マーケティングとイノベーションの各々にとって画期的な段階が

登場したことを述べた.

本項では,さらにその次の段階として視野に入ってきた「顧客による開発」について検討する.

ここでは,「顧客による開発」に関係する先駆的な業績を2つ,すなわち,Toffler (1980, pp. 265-288) によるプロシューマーと,von Hippel (1988, pp. 11-27) によるリードユーザを振り返っておこう.

下記にそれらの概要を述べるが,そこにおいてはマーケティングとイノベーションという区別はなくなってきていることに気がつくであろう.これは,次の4.3節でマーケティングとイノベーションの統合を提案する3つめの伏線となるものである.

[**Toffler のプロシューマー**]

Toffler (1980, pp. 265-288) は,生産と消費の観点から人類の歴史を次のように区分した.

> まず,太古の昔から産業革命前夜までを「第1の波」の時代とよぶ.そこでは人々は,自ら生産したものを自ら消費しているので,生産者と消費者の両方を兼ねたプロシューマー (Prosumer＝Producer (生産者) ＋Consumer (消費者)) とよぶべき存在である.「第2の波」の時代は産業革命以降であり,ここで,人々は生産者と消費者とに分化した.そして,今日は「第3の波」が押し寄せており,そこでは,また,プロシューマーに注目すべきである.

Toffler, (1980, pp. 269-275) は,日曜大工などのDIY (Do It Yourself) や,スーパーマーケットでのセルフサービスなどを引き合いに出し,近い将来には,自宅のコンピュータからの指示で,自分の好みの洋服を縫製工場で作ったり,自分の希望通りの仕様の車を自動車製造企業の工場で組み立てることも可能になるだろうと述べた.

そこでは,生産者と消費者の区別は消滅してしまい,プロシューマーの占める役割が大きくなるだろうと Toffler (1980, pp. 265-288) は主張している.

このように，第3の波としてプロシューマーが重要となってくるのは，サービス労賃の高騰，第2の波のサービスが限界にきたこと，新しい技術が生まれたこと，構造的な失業率の高さなどさまざまな原因がある（Toffler, 1980, p. 276）という．

[von Hippel のリードユーザ]
　von Hippel（1988, pp. 11-27）は，製品の技術革新はメーカーだけでなくユーザが担い手の場合もあるということを，4つの理化学機器（ガスクロマトグラフィー，核磁気共鳴分光器，紫外分光光度計，透過型電子顕微鏡）や，2つの製造装置（半導体製造装置とプリント配線基板）の改良事例の調査研究の成果に基づいて発表している．
　これらのユーザ（多くは大学などの研究者）は，測定の原理を考案し，あるいは，機器の改良の必要性を認識してプロトタイプを作っていた．メーカーは，その後，プロトタイプをもとに製品化し販売していた．すなわち，メーカーは単に工場での製造機能だけを提供しているとみることもできる事例であると主張している．
　これらの事例に基づき，von Hippel（1988, pp. 102-116）はユーザによる開発に関して，ニーズに直面していて，そのニーズを満たす方法が得られると大きな便益を得られる立場にあるユーザを，とくに，リードユーザ（lead user）とよんだ．
　このように，リードユーザという一部のユーザではあるが，ユーザ（顧客）自身の開発活動がイノベーションの中核をなしているという側面の存在を明らかにしたのだ．

　上記の2つの先駆的な研究例においてみられるように，「顧客による開発」の段階になると，マーケティングとイノベーションというような別々の場面を想定した議論ではなく，むしろ，両者が統合された場面における議論となっていることが興味深い．そして，先に述べたことをくり返すと，これが次の4.3節でマーケティングとイノベーションの統合を提案する3つめの伏線となるのである．

なお，この「顧客による開発」段階における仮説は，

・ニーズをもとに開発すべき（ニーズ志向）
・企業（生産者）と顧客（消費者）との情報格差が減少したので企業の優位性は崩れた
・むしろユーザのほうに製品改善の動機やアイデアがある

ということにあろう．もっとも根底にある仮説はニーズ志向である．そこを土台として，「ニーズをもっている人たちが自分で開発すること」，すなわち，「顧客（ユーザ）による開発」が有効になってきたという考え方が出てきたということになる．

(c) インターネットによる広範囲化

インターネットの普及にともなって，従来は企業と顧客を中心に考えられていた企業活動の範囲の中に，その他の多くの関与者をとり入れていこうという考え方も出てきた．

[マーケティングでの広範囲化]

マーケティングでは2000年代になると，顧客に加えて，企業内外のさらに多くの関与者（企業各部署，供給業者，輸送業者，社会，環境）をも対象にすべきというホリスティック（holistic）・マーケティング（Kotler et al., 2002, pp. 26-27; Kotler and Keller, 2006, pp. 16-23）という概念が主張されるようになった．

なお，ホリスティック・マーケティング概念を本章の立場からみると，主として単に，売り手（企業）側の範囲を広げたというだけのことであり（さらには社会や環境も含ませたが），先に(a)項「顧客との協同開発」で述べたように，顧客を協同の開発（生産）活動に取り入れた（すなわち，従来のイノベーションの範囲であった開発（生産）活動をマーケティングの範囲に加えた）という画期的な飛躍に比べれば，そのインパクトは限定的であると考えられる．

さらに，マーケティングがこのように企業活動の事実上すべての関与者を対象にするということは，もはやそれは経営学そのものだということになりかね

ない．つまりは，自らマーケティングとしてのアイデンティティーを放棄している可能性があるとさえいえよう．

[イノベーションでの広範囲化]
　さて興味深いことに，「顧客との協同開発」段階のあとのイノベーションの展開においても，ちょうどマーケティングがホリスティックといって関与者の範囲を拡大したのと同じ道を歩むことになる．
　つまり，1990年代以降のイノベーションの特徴を表現するのに「ネットワークモデル」などという言葉で，さらには，2000年代に入って「オープン」という言葉も登場させて，種々の関与者との協同という側面を重視するようになった．
　これは，一面では，イノベーションの実践に関して，個々の企業の自信のなさの表れと考えることもできよう．
　これを打破するためにも，次の4.3節では，企業本来の顧客創造という役割を高度技術社会において復活させるがごとくに，技術先導の顧客創造という革新的イノベーションの実践アプローチを提案するのである．

[インターネットによる開放と平等]
　すでに前々項(a)で述べたように，上原（1999, pp. 245-295）は，企業と消費者との情報格差が縮小し，したがって，消費者が生産過程に主体的に介入してくることを議論していた．
　たしかに，インターネットがもたらしたものは，企業（生産者）と顧客（消費者）との間の情報格差の減少といえる．もっと積極的な表現を用いれば，情報の開放と平等化への道（たとえば，von Hippel, 2005）ということもできるであろう．
　こうなると，ニーズ志向の基本的立場をとれば，製品のニーズを知っている顧客（消費者）の力が相対的に強くなってきているという議論につながるのは，いわば当然のなりゆきであろう．
　しかし，企業はその考え方に甘んじていてよいのであろうか．そうではなく，高度技術社会という現代において，企業は自らの強みは何かということを再吟

味し，それを再構築する必要があるだろう．そして，実際にその1つのアプローチを次節で提案しよう．

4.3 マーケティングを統合するイノベーション

これまで，4.1節では，マーケティングとイノベーションは企業の2つの基本的機能であり，同時に，その間には立場の違いから種々の軋轢があることを述べた．

続く4.2節では，マーケティングとイノベーションの歴史を振り返ってみると，ほとんど同じともいえる考え方の段階をふんで発展していることがわかった．

さらに，この発展の過程で，マーケティングでは製品の開発を，イノベーションでは顧客の取り込みをというように，お互いに相手の領域にまでその守備範囲を拡張してきているなど，両者統合の伏線ともいえるものがいくつか張られてきていることも知った．

本4.3節では，今日の高度技術社会に入ると，マーケティングの限界が明らかになり，むしろ，イノベーションがマーケティングの機能をも包含する形での統合が要請されていることを述べる．

(1) 高度技術社会におけるマーケティングの限界

前節までで，マーケティングとイノベーションの関係，および，両者の発展段階が同型といえることを述べたが，しかし，高度技術社会に入るとこれまでのような両者の関係は続かなくなるであろう．

つまり，すでに指摘している（丹羽，2006, pp. 100-102）ように，高度技術社会では，新製品や新規事業の開発の際には，マーケティングの基本思想であるニーズ志向という考え方が通用しなくなり，ニーズ志向を基調とするマーケティングの限界が明らかになると考えられるからである．

したがって，本項(1)ではまず(a)においてマーケティングの基本思想を再確認し，ついで(b)においてそれが高度技術社会では有効でなくなることを検討する．

(a) マーケティングの基本思想

先に 4.1 節 (1) (b) で現在のマーケティングの基本思想はニーズ志向であると述べた．さらに，本項では前 4.2 節で検討したマーケティングの発展段階の議論もふまえて，この基本思想を再確認したい．

4.2 節で述べたマーケティングの考え方の歴史的発展過程を要約してみると，

- 第 1 段階（セリング・コンセプトの段階）
    作った製品を売りさばく
- 第 2 段階（マーケット・コンセプトの段階）
    ニーズに合わせて売れるものを作る
- 第 3 段階（顧客との協同）
    顧客と協同して製品を作る
- 第 4 段階（顧客による開発）
    むしろ顧客が先導して製品を作る

となろう．

そして，現在の主流は第 2 段階であり，第 3 と第 4 段階は部分的な取り組みが実践されていると述べた．

それでは，第 2 段階を中心にして，第 3 と第 4 段階，すなわち，現在のマーケティングを形成している基本思想は何であろうか．

その問いの答えは，

現在のマーケティングの基本思想はニーズ志向である

となろう．つまり，自分の欲しいもの（ニーズ）は顧客自身がわかっているはずなので，企業はそれを把握してそれに合った製品開発をすべきであるという思想である．

実際に，第 2 段階はこの思想を直接に表現している．第 3 段階は顧客との協同であるが，なぜそれが良いのかといえば，それは，協同することによって顧客のニーズを把握できる（したい）からである．つまり，そこでもニーズ志向

の思想が基本にある．次の第4段階ではニーズを知っている者が自ら開発すると良いという発想がもとになっており，やはり，ニーズ志向の土台はゆるがない．

(b) 高度技術社会の特徴とマーケティングの限界

本項では，現在のような高度技術社会に入ると，上記で述べたマーケティングの基本思想である「ニーズ志向」が効果的ではなくなるということを検討したい．

現在を高度技術社会とよぶとすると，その特徴は何であろうか．一般的な観点からいうと，その特徴（丹羽，2006, pp. 14-17）は，

① 知識社会
② 戦略資源としての科学技術者の活躍
③ 科学技術の影響の広範囲化

であろう．この各々の詳細な議論はここでは割愛するが，このような考えをふまえて，とくに，マーケティングの観点から高度技術社会の特徴を表現すると，

　　技術の進展が高度で急速なため，一般の消費者は技術が自分たちの生活をどう変えるかを想像することが困難な社会

と，とらえるとよいだろう．

そして，上記の特徴は，さらに次のような重大な事柄をも意味すると考えるべきなのである．

・高度技術社会の今日，新製品のほとんどは高度な科学技術の新開発に基づいているので，一般の消費者はどのような新製品が出てくるか予想がつかない．
・上記と同じ理由で，一般の消費者は自分がどのような新製品が欲しいのかもわからない．

・一般の消費者は，登場した新製品を与えられ手にして使ってみて初めて，その使い方がわかり，そして，その便利さを実感する．

つまり，簡単にいうと，高度技術社会では，顧客である消費者は自分の欲しいものがわからないという状況におかれるのである．このことは，マーケティングの基本思想である「(売れる製品を作るには) 顧客のニーズに合わすべきというニーズ志向」は，もはや成り立たなくなってきたことを示している．ここに，高度技術社会における現在のマーケティングの基本的な限界があると考えることができる．

なお，上記は新製品の計画と開発の場合についての議論である．そして，この議論が意味をもつわけは，先に 4.1 節 (1) (b) で述べたように現在のマーケティングの基本課題は製品の計画というところにあるからである．

ここで付言すると，新製品の開発ではなく，既存製品の改善の場合には，顧客がその製品を使用しているのでその長所や短所を熟知しており，またその結果，改善ニーズをもっているので，そのニーズを基にして改善製品を作ろうというニーズ志向の態度は当然に正しいといえる．

(2) マーケティングとイノベーションの新しい関係

高度技術社会では，ニーズ志向を基本思想とするマーケティングには限界があることを (1) で述べた．それに対して，本項では，イノベーションのほうは，高度技術社会では技術を土台にして顧客を創造できる可能性があることをまず (a) 項で述べる．

ただし，上記は新製品の開発の場合である．既存製品の改善の場合には前項 (1) の最後で述べたニーズ志向は有効であるとの記述を思い起こし，次に (b) 項でマーケティングとイノベーションのポートフォリオとの関係を検討する．というのは，イノベーション・ポートフォリオとは第 2 章 2.4 節で議論したように，既存製品の改善の場合のイノベーションも含ませていたからである．

(a) 技術先導の顧客創造

インターネット社会になって，企業と消費者との間の情報格差が減少し，消

費者が企業と対等，いや，時にはそれ以上の力をもって製品開発の場にまで介入してくるだろうと一般によくいわれる時代に，企業はどのように立ち向かえばよいのだろうか．

　実は，上記を考える場合に見逃してはならない重要なことがある．それは前項，すなわち，4.3 節 (1)(b) で述べたように，高度技術社会では一般の消費者は，自分の欲しい「新製品」はわからないということである．この点をもう少し考えてみよう．

　たしかに，インターネット社会では，消費者は企業が発売している現在の製品に関しては，その原材料，設計，製造法，原価などに関する情報をある程度は調べることができ，また，それらについて他の企業の情報や各種データベースと比較することも可能である．さらには，このような消費者同士のもつ情報や意見の交換もさかんに行われている．

　このようにして，消費者は多くの情報をもつようになってきた．そして，企業の一方的な宣伝に惑わされず，時には，逆オークションなどをして製品の底値を探ることまで可能となっている．

　このような情報格差の減少のもたらす影響は，企業の現製品の販売戦略の展開や競争力維持にとって大きな意味をもっているだろう．

　しかし，ここでとくに注意しなければならないことは，消費者には将来の新製品の情報は基本的には得られないということである．もし仮に，その情報に接することがあったとしても真に理解することはできないだろう．なぜならば，高度技術社会における新製品開発の核心となる，

- 「① 科学技術研究開発の最先端の情報」を理解し，さらに，
- 「② それを適用して消費者の生活場面を一変するような製品にまで構想」する

ことは，一般の消費者には無理だからである．

　ここで，上記の「① 科学技術研究開発の最先端の情報」は，技術者，しかも，理屈上はその独創的研究開発をしている世界でただ 1 人の技術者だけが正確に理解しているものである．つまり，この技術者だけが「② それを適用し

て消費者の生活場面を一変するような製品にまで構想」することができる可能性をもっているといえるのだ．

　高度技術社会とは画期的な科学技術研究開発が製品開発に直結する（できる）時代だということもでき，それが，まさに技術系企業の強みの源泉のはずなのである．

　企業と消費者との間の情報格差の減少によって，企業の力が相対的に弱まったという主張の中に企業は埋没してはならない．企業が勝ち残るための解決法は，消費者も口を挟めるような既存商品の改善事業から決別し，新商品や新サービス提供を志向し，それが競合他社にはない自社だけの独自性のある科学技術研究開発を土台にした優れたものであることというもっとも基本とするところに立ち戻ることなのである．

　換言すれば，高度技術社会においては，ニーズ志向のマーケティングは新製品開発においては有用ではなく，むしろ，イノベーションのほうこそが技術先導によって顧客を創造できるのである．

　それでは，ここで，技術先導の顧客創造（丹羽，2006, pp. 102-104）の要点を再確認しておこう．

【技術先導の顧客創造とは】
・技術者（企業）が新しい科学技術研究開発を行い，
・それをもとに，技術者（企業）が新しい生活場面を構想して「こういうすばらしい生活があるのですよ」と顧客（消費者）に訴求する．
・顧客はそれを聞いて，そして，実際に使用して初めて，（自分ではそれまで気がついていなかったが）実はこれが自分の欲しかったものだと実感する．

　つまり，「技術先導の顧客創造」とは，技術を活用して，顧客が自らは気がついていない「顧客の未来」（顧客の生活機会）を構想・提案するということである．これは，そのような生活機会を生きる顧客を創造したともいえるからである．

　なお，念のため付記するが，このような技術先導の顧客創造を行うためには，企業は顧客（消費者）からのニーズを聞いてはいけないのだ．というのは，顧

客(消費者)がいえるニーズとは,高度技術社会においては,先にもふれたように,基本的に製品改良についてだけだからである.

世の中にない,しかも顧客も気がついていないような新製品を創造するという革新的イノベーションを目指すならば,慣行軌道上で改善をするというような世界から抜け出すという飛躍が必要なのである.

(b) マーケティングとイノベーション・ポートフォリオとの対応

現在のマーケティングの本来の使命が新製品計画であるならば,これまで議論してきたように,今日の高度技術社会においては「ニーズ志向」を基本思想とするマーケティングには限界がある.

つまり,従来とまったく異なる新軌道にいくという革新的イノベーションを狙うとき,現在のマーケティングは無力といえる.

しかし,ここでちょっと立ち止まって考えてみたい.それは,第2章,とくに,2.4節のイノベーション・ポートフォリオ戦略で議論したように,イノベーションには種々の類型が存在するのである.それらを考えた場合に,イノベーションとマーケティングとの関係はどのようになるのだろうか.この課題を検討してみよう.

それでは,第2章の図2.6「イノベーションのポートフォリオの例」と対応づけて,マーケティングの役割を考えてみよう.この対応図を図4.2に示す.

図4.2に書かれているように,まず,もてる資源の,たとえば,8割の力をあてて,既存事業で収益の確保を狙うことが企業活動の基本であった.そのなかで,次のように考えられる.

- <u>目標仕様が明確な改善が中心となる分野</u>では,生産方法のイノベーションが対応していた.ここは,技術者が純粋に技術的な可能性を試行錯誤することが中心であるので,ニーズ志向のマーケティングの出番はないであろう.
- <u>目標仕様が不明確な改善の場合</u>には,次に述べるように,ニーズ志向のマーケティング機能は有用であると考えられる.
  - 大幅な改良製品のユーザとなる周辺顧客層の開拓を狙うブルー・オー

イノベーション・ポートフォリオ（図2.6 より）	マーケティングの役割
既存事業で収益確保（8割の力） ・目標仕様が明確な場合 　・生産方法のイノベーション	・ニーズ志向マーケティング機能は不要
・目標仕様が不明確な場合 　・周辺顧客創造のイノベーション 　　・ブルー・オーシャン戦略 　　　（大幅改良製品） 　　・破壊的イノベーション 　　　（激安製品）	・ニーズ志向マーケティング機能は有用
新規事業進出（2割の力） ・顧客も気がつかない将来製品，将来事業 ・革新的イノベーション	・ニーズ志向マーケティング機能は妨げ

図4.2 イノベーション・ポートフォリオとマーケティングとの対応

シャン戦略（Kim and Mauborgne, 2005）では，現製品や現事業に飽き足らない顧客層がどこにいるか，そして，彼らが期待する追加機能や追加性能のニーズは何かを把握して，それに基づいて製品計画をするという手順であるので，これは正にニーズ志向のマーケティングの応用問題ともいえる．

・現製品や現事業の機能や性能が落ちても低価格を求めるという周辺顧客層がいる場合には，その顧客層のニーズに対応して激安製品を作るという破壊的イノベーション（Christensen, 1997）が効果的であり，これもニーズ志向のマーケティングの応用問題ともいえる．

既存事業の範囲で，目標仕様が不明確な改善の場合における上記2つの例は，基本的に現製品や現事業をもとにして，既存の顧客とは若干異なる層（周辺顧客層）を対象に，そのニーズに基づいて改善を行うというものであるから，基本的にマーケティングの基本思想であるニーズ志向が適用できるというわけである．

ただし，上記のブルー・オーシャン戦略や破壊的イノベーションなどの概念は，マーケティングの本流から出てきたものではなく，どちらかというと，イ

ノベーション分野で登場し議論されているものであることに注意を向けるべきである．実は，ここに，マーケティングとイノベーションの統合の第4の伏線がある．

再び図4.2に戻ろう．次に，企業はもてる資源の，たとえば，2割の力を用いて，将来への投資として新規事業進出を検討すべきであることが書かれている．この際には，これまで議論してきたように，高度技術社会では「顧客も気がつかない将来製品や将来事業」という革新的イノベーションを狙うべきである．したがって，顧客のニーズをもとにしようとするマーケティングは適用できない．むしろマーケティング活動は革新的イノベーションの実践にとっては妨げになるのだ．ここの議論が，前項(a)で述べた「技術先導の顧客創造」に対応している．

(3) マーケティングを包含し不要にするイノベーションの展望

本章のこれまでの議論に基づき，本項では，マーケティングとイノベーションの統合の方向を展望する．

ここでは，マーケティングとイノベーションの将来における関係に関して，著者の2つの考え方，すなわち，「マーケティングを包含するイノベーション」と「マーケティングを不要にする革新的イノベーション」を，それぞれ(a)項と(b)項とで述べることにする．

(a) マーケティングを包含するイノベーション

前項(2)「マーケティングとイノベーションの新しい関係」を検討した際に，現在のマーケティングの基本思想は「ニーズ志向」の言葉で表現されるように，顧客のニーズを把握してそれにしたがって製品を開発するというものであるとして扱った．

そして，イノベーション・ポートフォリオにおいて，既存事業で目標仕様が不明確な改善の場合には，図4.2に示したように，マーケティングのこのニーズ志向の考え方が有用であると述べた．

しかし，ここで，1つの大きな疑問が湧く．4.2節でマーケティングとイノベーションの考え方の発展段階の歴史を概観したときに，イノベーションのほ

うにもニーズ志向の段階があったではないかということに気がつくからである．イノベーションの立場からみたときに，自分たちだけでニーズも考慮したイノベーションということができるではないか．つまり，なぜマーケティングのニーズ志向に頼らなければならないのかという疑問である．

そこで，4.2節で検討したマーケティングとイノベーションの発展段階の要点を再吟味して，この疑問を考えてみたい．

まず，最初の第1段階はマーケティングとイノベーションもともにシーズ志向であった．しかし，両者は次の第2段階に入るとともに，まったく逆方向のニーズ志向となる．

そして，このニーズ志向の考え方は，マーケティングもイノベーションにおいても，先に述べたように，第3段階「顧客との協同」，第4段階「顧客による開発」，第5段階「インターネットによる広範囲化」に進んでいっても，引き続き依然としてそれらの各段階の土台をなす基本思想として君臨し続けている．

もともとはDrucker (1954, p.37) が指摘したように，マーケティングとイノベーションは企業の2つの別々の基本的機能であった．ちなみに，4.1節(2)(a)に示した図4.1では，これらを2つの楕円形に対応させるような形で描いている．

しかし，4.2節で検討したように，マーケティングとイノベーションがともにニーズ志向の第2段階を経て，ともにニーズ志向を土台とする第3段階や第4段階などと同じ順序で発展してくると，2つの楕円形はしだいに重なり合うようになり，それらの中心はしだいに近づいてくるように表現できるのではないだろうか．そして，ついには，1つの中心となって統合されるのではないだろうか．著者にはこのようにみえるのである．

さて，この場合，著者が考えることは，マーケティングとイノベーションは対等な立場での統合とはならないで，イノベーションがマーケティングを包含する形となるだろうということである．

イノベーションが主導権をとる理由は，先に指摘していたように，いくらマーケティングの中心課題が売れる製品の計画だといっても，今日の高度技術社会では製品の計画の実体部分はイノベーション分野である技術開発が中心とな

り，マーケティングでは効果的に対応することが無理であるために，表舞台に登場できないからである．

したがって，イノベーションがその基本となる製品開発機能を土台におき，同時にイノベーションのニーズ志向の考え方も前面に出し，さらにマーケティングのニーズ志向の方法も取り込んでいく形が自然な将来展開の方向であろうと思われる．

もし，この将来展開の方向が正しいと考えるならば，マーケティング機能とイノベーション機能を別々の組織として，しかも，お互い理解するのに困難な軋轢のある状態で維持している現状軌道から，統合という新たな軌道へと乗り換えるという企業全体のマネジメントレベルのイノベーションの実行が必要となろう．

なお，以上の議論は既存事業や既存製品の改善の場合（しかも，目標仕様が不明確な場合）についてである．つまり，図4.2でいえば，「ニーズ志向マーケティング機能は有用」と書かれている領域を対象にした議論である．

図4.2における新規事業進出の場合については，次項(b)で別に議論したい．

(b) マーケティングを不要にする革新的イノベーション

マーケティングとイノベーション・ポートフォリオとの対応に関する4.3節(2)(b)の議論において，将来への投資としての新規事業進出の場合には「顧客も気がつかない将来製品や将来事業」という革新的イノベーションを狙うべきであると主張し，したがって，顧客のニーズをもとにしようとする現在のニーズ志向のマーケティング活動は適用できないというより，むしろ妨げになるのだと述べた．

ということは，革新的イノベーションを狙おうとする場合には，顧客のことを考えなくてよいということなのであろうか．いや，そういうことではないのだ．この点から考察をはじめたい．

ここで考えるべき核心は，高度技術社会においては，将来製品や将来事業に対する顧客ニーズというものを顧客に聞いてはいけないということである．高度技術社会では，すでに何回も述べてきたように，将来製品や将来事業に対するニーズは，顧客にはわからないからである．

これを無理やりに聞こうとすれば，将来製品についてではなく，せいぜい現製品の改善要求ぐらいしか出てこないであろう．

それでは，だれが何をすればよいのだろうか．これが，ここでの中心的課題である．

これについて本書がここで提案するのは，イノベーション部門の技術者が次のようなことをすべきであるということである．

> 将来の社会動向と生活動向を洞察し，そこに，今自分たちが研究開発しつつある新技術の芽を入れると，それがどのように開花して応用され，日常生活（あるいは，産業活動）の中でどのような便利・効率的で，同時に，安心・快適な生活（あるいは，産業）の場面が誕生するかを描き出す．

ここで強調すべきもっとも重要なことは，新技術の芽をもっている技術者こそが，それをもたない者には想像もできないような場面を描き出すことができるということである．換言すると，新技術の芽をもっている者だけができる構想を行えということである．

これこそが，技術先導の顧客創造，すなわち，革新的イノベーション実践の基本的な考え方である．同時に，現場のそれぞれの技術者が自覚すべきことであり，そして行うべきイノベーション実践の基本的態度なのである．

では，現場の技術者は具体的に何をどうすればよいのだろうか．このためには，技術者は従来と同じことをしていてはいけない．次に述べるような変更をしなくてはいけないのだ．

技術者自身は図4.3に示すように，大きく自己改革して「新しい技術者像」を目指さなければならない．

これまでは，技術者は自らの技術領域で技術の腕を磨き，そこに，マーケティング部門などから顧客のニーズを聞いて，そのニーズに合わせるように工夫して新技術を活用して新製品を開発するのが主な任務であった．つまり，技術者は指定された使用状況（すなわちニーズ）に合致するような製品の設計図を描くことが主とする任務であった．したがって，技術者が創造するものは製品であった．

> 【今までの技術者像】
> ・新技術をもとに新製品の設計図を描いた
> ・つまり，技術者が創造するのは製品であった
>
> 【新しい技術者像】
> ・新技術をもとに新生活（あるいは，産業）場面を描く
> ・つまり，技術者が創造するのは顧客機会である

図 4.3　技術先導の顧客創造が要求する新しい技術者像

　これに対して，高度技術社会で（顧客も気がつかない，世の中にないものを生み出す）革新的イノベーションを先導する「新しい技術者」は，以前のように顧客からは使用状況（ニーズ）は与えられないので，自分で新技術をもとに考え出さなければならない．図 4.3 で「新生活（あるいは，産業）場面を描く」とはこのことに対応する．したがって，技術者が創造するものは，顧客機会といえるのだ．

　ここで，顧客機会の創造とは，事実上，顧客創造そのものともいえることに気がつく．すると，本章 4.1 節 (1) (a) で引用した「ビジネス（企業）の目的は何かといえば，その有効な定義はただ 1 つしかない．それは，顧客を創造することだ（Drucker, 1954, p. 37）」の言葉が思い起こされるだろう．つまり，「新しい技術者」は企業活動のもっとも根幹を担うことになるのだ．大きな責任と同時に武者震いを感じずにはいられないであろう．

　くり返すと，技術者（イノベーション部門）は，将来の社会動向と生活動向を洞察する力をつけて，そこに新技術を登場させて，新たな生活場面，すなわち，新たな価値を生み出す構想をうち立てることが使命となる．

　このようにして，マーケティング部門を不要にすると同時に，イノベーション部門は自ら大きな脱皮をして，自分の守備範囲を一段と拡大する必要がある．これこそが，イノベーション部門の真のイノベーションであるということができよう．

議論のための課題

(1) 現在のマーケティングでは「作った製品をいかに売るかではなく，いかに売れる製品を作るか」が中心課題であると述べた．この場合の基本的な思想は何であるのかを議論しなさい．

(2) マーケティングとイノベーションの発展における第3段階「顧客との協同開発」は，マーケティングとイノベーションの各々にとって画期的な意味をもつと述べた．それはどういうことなのかを議論しなさい．

(3) 高度技術社会になると，現在のマーケティングの基本思想は有効ではなくなると述べた．その理由を議論しなさい．

(4) 高度技術社会で革新的イノベーションを狙うために，技術（シーズに対応）先導の顧客創造を提案している．これと，イノベーションの第1段階のシーズ志向との違いを議論しなさい．

(5) インターネット社会になると，企業と消費者との情報格差が減少するので，相対的に企業の力が弱くなるという考え方があることを述べた．
　しかし，技術系企業はそれに甘んじることなく，自分の強みを再確認する必要があることを強調した．これはどういうことなのかを議論しなさい．

(6) マーケティングとイノベーションの統合を提案するに際し，4つの伏線をあげている．それらは何であるか，そして，どういう意味で伏線なのかを議論しなさい．

(7) 将来課題として，イノベーション機能のほうがマーケティング機能を従属させる形での統合を提案している．これを，実際の企業での組織（機構）の変更にどのように反映させたらよいのかを議論しなさい．

おわりに

　イノベーションの実現は今日のもっとも喫緊の課題の1つであろう．

　前著『技術経営論』（東京大学出版会，2006）は，イノベーション実現の土台をなす新しい学問として技術経営学の体系化を試みたものであった．そこでは，イノベーションの基本的考え方から現在の最先端の研究，あるいは，産業の現場での試みなどを体系的に検討している．したがって，企業で実際にイノベーションを推進するためには，それらの知識や事柄の理解は必要であろう．これなしではイノベーションを先に進めることはできない．それはちょうどガソリンタンクを空にしたままドライブをしようとするのと同じともいえよう．

　その後，実際に，企業のイノベーションの企画や実践の現場で具体的な議論に参加し，また，大学でイノベーションの研究を博士課程学生に指導するなかで，著者はさらにもう1冊の本を書く必要性を強く感じた．上記のドライブの例でいえば，ガソリンに加えて，旅行ガイドブックのようなものだ．

　目指すべきは，多くのビジネス書のような過去の成功談の紹介ではなく，また多くの学術書のような過去事例の詳細分析でもなく，読者の明日や明後日，将来にわたっての具体的な行動の助けとなるような指針書である．

　これが「実践論」であり，理工学領域での「工学書」に対応するものである．良い工学書は，単に過去の発明や製品を紹介するのではなく，設計の原理や方法，あるいは，計画や管理の手順を述べ，それをもとに読者が新たな発明や製品を生み出す手助けとなるように書かれたものである．

　このような問題意識のもとに，本書はイノベーション実践論の確立へ向けての第一歩として書かれた．とくに，実践ということを意識して，次のように企業での時系列的な関心事に沿った章立てにしたことで，企業現場との対応をとりやすいように配慮した．

- 第1章はイノベーションの「準備段階」に焦点を当てた．そこでは，イノベーションの基本的思想の理解の仕方と，それと対応した実践的な応用の方法を述べた．
- 第2章はイノベーションの「企画・開始段階」を対象にした．そこでは，イノベーションの目的と進め方を，いかにして全社に共通理解させ，スムースに開始させるかの方策を提案した．
- 第3章はイノベーションの「実行段階」の議論を行った．そこでは，要素技術を効果的に組み合わせて，新たな事業や製品を提案するための手順を提示した．
- 第4章はイノベーションの「将来課題」を示した．高度技術社会の進展にともない，イノベーション機能がマーケティング機能を統合すべきであるとの展望を示した．

本書が，現場との対話が可能となるレベルに実際に到達できたかどうかの不安ももつが，しかし，現場からのフィードバックによって本書の内容を改善し，より良い「イノベーション実践論」の確立へと努力を続けていきたい．

本書の構成を組み立て，原稿を執筆し，さらに何度も推敲するなかで感じたのは，イノベーション実践論を構築しようとするのは実際のところかなりの難題であるということであった．なんとか本文を書き終えて，この「おわりに」を執筆するにあたって，その困難さの根本原因がようやくはっきりとみえてきたような気がする．

それは，イノベーション実践論を構築するには，

① イノベーションとは軌道を変更して新しい世界にいくことであるから，既存の軌道上で従来と同じようなことをするのでは実現できない．何か特別のことをしなくてはならない

② しかし，あえて実践論というからには，そこで提案される方法は既存の軌道上にいる人たちにとって，ある程度は無理なく実行できるものでなくてはならない

という矛盾する2つの要件を満たす必要があるからである．これはいわれればきわめて当たり前のことであるが，本書を計画し実際に執筆する段階においては明確な形では意識していなかった．

この観点で本書の原稿を再度見直してみると，各章の執筆に際して，次のような考え方を基盤にしていたことが明らかになり，結果的に，あるいは，無意識に上記の矛盾の解決に立ち向かっていたことがわかる．

- 第1章では，たとえば「非連続を連続とみる」「連続に非連続を見出す」というように，柔軟な思考法を武器に上記の矛盾の解決に立ち向かおうとした．
- 第2章では，イノベーションに対する既存事業と新規事業部門の葛藤を乗り越えるために，両者は本来は対立するものでなく，相互依存してともに相手を必要としているという大原則を再確認し，そこを土台にすることで道を切り開こうとした．
- 第3章では，要素を結合して総合力を発揮するイノベーションを実現するのに，連続的でもなく一足飛びでもない，飛び飛びの段階（物理学の量子論に対応する）を経るということを考えた．
- 第4章では，企業の別々の2つの基本機能と従来からいわれているイノベーションとマーケティングを，統一的な枠組み，すなわち，シーズとニーズとその関係で整理することで，将来の進むべき方向の見通しを得るようにした．

以上を考えると，上記①②の矛盾の解決を目的に独自の方策を考案できれば，それをもとにしたイノベーション実践論が構築できるといえるのではないだろうか．つまりこのアプローチは「イノベーション実践論」を構築するための実践論といえるのかもしれない．この考え方を採用するならばいろいろな種類のイノベーション実践論がさらに生み出されることになるであろう．本書がそのような新しい試みの礎となることを願っている．

2009年9月　　丹羽　清

引用文献

Amabile, T. M., "How to Kill Creativity," *Harvard Business Review*, Vol. 76, No. 5 (Sep.-Oct.), pp. 76-87, 1998.

Chesbrough, H., *Open Innovation : The New Imperative for Creating and Profiting from Technology*, Harvard Business School Press, 2003（大前恵一朗訳,『Open Innovation：ハーバード流イノベーション戦略の全て』, 産業能率大学出版部, 2004).

Christensen, C. M., *The Innovator's Dilemma*, Harvard Business School Press, 1997（玉田俊平太監修, 伊豆原弓訳,『イノベーションのジレンマ』, 翔泳社, 2001).

Council on Competitiveness, *Innovative America : National Innovation Initiatives Summit and Report*, 2005.

Drucker, P. F., *The Practice of Management*, Harper & Row, 1954（上田惇生訳,『(新訳) 現代の経営：上下』, ダイヤモンド社, 1996).

Finke, R. A., Ward, T. B., and Smith, S. M., *Creative Cognition*, The MIT Press, 1992（小橋康章訳,『創造的認知』, 森北出版, 1999).

Itaya, K. and Niwa, K., "Extended Implementation of a Highly Autonomous R & D Management Model in a Japanese Electronics Company," PICMET 2009 Proceedings, pp. 3092-3097, 2009.

Kasuga, S. and Niwa, K., "Pioneering Customer's Potential Task in Innovation : Separating of Idea-Generator and Concept-Planner in Front-End," PICMET 2006 Proceedings, pp. 2025-2036, 2006.

Kim, W. C. and Mauborgne, R., *Blue Ocean Strategy*, Harvard Business School Press, 2005（有賀裕子訳,『ブルー・オーシャン戦略』, ランダムハウス講談社, 2005).

Kotler, P., Jain, D. C., and Maesincee, S., *Marketing Moves*, Harvard Business School Press, 2002（恩蔵直人解説, 有賀裕子訳,『コトラー新・マーケティング原論』, 翔泳社, 2002).

Kotler, P. and Keller, L., *Marketing Management*, Twelfth Edition, Pearson Education, 2006.

Levitt, T., "Marketing Myopia," *Harvard Business Review*, Vol. 38, Jul/Aug, pp. 45-56, 1960.

Munsch, K., "Open Model Innovation," *Research-Technology Management*, May-June, pp. 48-52, 2009.

Porter, M. E., *Competitive Strategy : Techniques for Analyzing Industries and Competitors*, Free Press, 1980（土岐坤・中辻萬治・服部照夫訳,『(新訂) 競争の戦略』, ダイヤモンド社, 1995).

Raymond, E. R., *The Cathedral and the Bazaar*, http://firstmonday.org/issues/issue3_3/raymond/, 1998（山形浩生訳,「伽藍とバザール」, http://cruel.org/freeware/cathedral.pdf, 1998).

Roberts, R. M., *Serendipity : Accidental Discoverries in Science*, John Wiley, 1989（安藤喬志訳,『セレンディピティー：思いがけない発見・発明のドラマ』, 化学同人, 1993).

Rogers, E. M., *Diffusion of Innovations, Fifth Edition*, Free Press, 2003.

Schumpeter, J. A., *Theorie der Wirtschaftlichen Entwicklung*, 2, 1926（塩野谷祐一・中山伊知郎・東畑精一訳,『経済発展の理論：企業者利潤・資本・信用・利子および景気の回転に関する一研究 (上) (下)』, 岩波書店, 1977).

Schumpeter, J. A., *Capitalism, Socialism & Democracy, Third Edition*, Harvard College, 1950（中山伊知郎・東畑精一訳,『資本主義・社会主義・民主主義』, 東洋経済新報社, 1995).

Shapiro, G., *A Skeleton in the Darkroom : Stories of Serendipity in Science*, Harper & Row, 1986（新開

暢一訳,『創造的発見と偶然』,東京化学同人,1993).
Toffler, A., *The Third Wave*, A Bantam Book, 1980(徳山二郎監修,鈴木健次・桜井元雄他訳,『第三の波』,日本放送出版協会,1980).
von Hippel, E., *The Sources of Innovation*, Oxford University Press, 1988(榊原清則訳,『イノベーションの源泉』,ダイヤモンド社,1991).
von Hippel, E., *Democratizing Innovation*, The MIT Press, 2005.
板谷和彦,第1回東大試行錯誤研究会討論資料,2007.5.
市川惇信,『ブレークスルーのために』,オーム社,1996.
上原征彦,『マーケティング戦略論:実践パラダイムの再構築』,有斐閣,1999.
丹羽清,『技術経営論』,東京大学出版会,2006.
丹羽清・山田肇,『技術経営戦略』,生産性出版,1999.
日経ビジネス,「松下電器産業:破壊が生む独創力」,2006年12月11日号,pp. 32-34.
日経ビジネス,「編集長インタビュー:マイケル・ポーターに聞く」,2009年1月12日号,pp. 76-77.
日本経済新聞,「09年世界のキーパーソン⑥ 女性トップ変化後押し」,2009年1月15日.
濱崎和磨,「優秀な研究開発人材の限定的な試行錯誤」,東京大学大学院総合文化研究科,広域システム科学系2008年度修士論文,2009.3.

索　引

人名索引

Amabile, T. M.　30
Aristoteles　85, 86
Chesbrough, H.　76, 78, 80
Christensen, C. M.　56
de Mestral, G.　63
Descartes, R.　86
Drucker, P. F.　110, 111, 116, 139
Finke, R. A.　18
Goodyear, C.　63
濱崎和磨　50
市川惇信　30
板谷和彦　50
Kim, W. C.　54
Levitt, T.　15, 23
Munsch, K.　83
Porter, M. E.　55, 105
Roberts, R. M.　62
Schumpeter, J. A.　2, 6, 8, 20, 28, 114
Shapiro, G.　62
Toffler, A.　126
上原征彦　124, 129
von Hippel, E.　126, 127

用語索引

英数字

4P　113
　——戦術　122
5段階モデル　101
CEO　5, 65
CTO　33, 34
MOT　116
S字カーブ　23
　——の乗り換え　7
STP戦略　112, 122

ア　行

新しい技術者像　141
アントロプルーナー　7
異端児　31
イノベーション　iii, 2, 38, 111, 113
　——支援政策　68
　——実践論　iii, 20, 22
　——推進本部　39
　——政策　67
　——のポートフォリオ　136
　——部　115
　——分析論　22
　——・ポートフォリオ戦略　64, 65, 71
　——論　20
イノベーター　7, 9, 10, 22, 105
　——像　28
異分野チーム　30
インターネット　59, 95
インターフェース　98
駅馬車　2
オープン　129
　——イノベーション　76, 107

カ　行

改善製品　133
階層構造　87
外部知識　79
開放と平等化　129
科学的方法　21
科学革命　86
革新　4
革新的イノベーション　67, 136, 140
　——実践　141
革新的構想　46, 57
　——の評価　61
化合　100
　——物　100, 102
過剰機能　56
過剰性能　56

カップリング・モデル　125
仮目標　50
慣行軌道　2, 9
管理会計　98, 105
企業家　7
企業間提携　75, 83
企業の基本的機能　111
技術革新　4
技術可能性の想像　59
技術経営　116
『技術経営論』　iii
技術系大企業　78
技術者主導　52
技術先導の顧客創造　135, 138, 141
技術戦略　33
技術組織　33
技術の横展開　96
規制緩和　70
擬セレンディピティー　62, 63
既存事業　40
　　——改善　47
軌道の変更　2
逆オークション　134
キャッチアップ　33, 52, 57, 60, 64, 65, 81, 91, 93
競争　9, 12
　　——戦略　14, 55
協働型マーケティング　124
共同利用センター　69
均衡論的経済学　20
近代科学　86
偶然　64
クローズドイノベーション　77
クロスライセンシング　76
経営学　21
計画と実施の分離　61
経済特区　70
激安製品　99
ケース　vi
研究開発　33
　　——マネジメント　123
　　——力　93
工学　21
構想立案型人材　60
構想力　59

行動様式　vi, 10
高度技術社会　58, 86, 92, 101, 132, 135, 140
顧客機会　60, 142
顧客創造　60, 142
顧客との共同開発　124
顧客による開発　126
顧客の活動場面図　60
顧客の生活機会　135
顧客の未来　135
国際フォーラム活動　76
国家イノベーションシステム　76
個別戦略　84
コモディティー化　53
混合　99
　　——物　99

サ　行

サイエンス・プッシュモデル　121
サウス・ウエスト航空　55
産官学協同　75, 78
事業・製品企画　33
事業の場合分け　46
事業部制　81
試行錯誤　47, 50
思考論理　vi
試作ラインの減税　69
シーズ　121
　　——志向　121
システム　88
　　——論　4, 85
持続的発展　44, 64
実践の経営学　21
実践の経営書　vi
実践の態度　21
質的変化　2
実例　vi
シナジー効果　85, 87
自部門貢献　105
社会動向　141
社会や人間への洞察　60
社内研修　102
終身雇用　77
集中と選択　93
周辺顧客　54
　　——層　136

──創造のイノベーション　67
使用状況　141
情報格差　59, 128
　　──の減少　129, 134
シルク・ドゥ・ソレイユ　55
新解釈　64
新規事業　42
　　──進出　57
新技術の芽　141
新軌道　3
新結合　3
新資源供給源　4
新市場　4
人事体系　33
新生産方法　4
新製品　4
新組織　4
真のセレンディピティー　63
垂直統合　91, 92
水平統合　91, 92
成果重視　41
生活動向　141
生産方法のイノベーション　66
生産方法の効率化　48
製造総合力　91
成長　2, 23
製品化　83
製品計画　112
製品設計図　60
接続　98
セミ・オープン　82
　　──イノベーション　82
セリングコンセプト　121
セレンディピティー　16, 46, 62
専業企業　106
専業メーカー　96
戦時研究開発体制　121
全社貢献　105
全体論　86
選択と集中　33
全米科学基金　121
相互依存性　38, 43, 65
総合化協力　105
総合化貢献　105
総合化事業　93

総合化製品　93
総合商社　92
総合メーカー　95
総合力　85, 87
創造性　30
創造的思考　61
創造的破壊　2, 8, 14
創発性　86, 88, 92
組織的バックアップ　100

　　　　タ　行

第1の波　126
第3の波　126
大衆消費者　123
第2の波　126
他部門貢献　105
多様性　33
多量生産　122
多量販売　122
多量流通　122
中央研究所　76
提案総合力　93
鉄道　2
電子行政サービス　97
トップ　106
　　──教育　107
　　──マネジメント　104

　　　　ナ　行

内部知識　79
ニーズ志向　112, 122, 123, 128, 131, 133, 139
ニーズ情報　116, 117
日本企業　105
ネットワークモデル　129

　　　　ハ　行

ハイリスク-ハイリターン　3
破壊的イノベーション　56, 67, 137
破壊的製品　56
発散思考　64
発展途上国　93
発明　76
標準化　122
非連続変化　19, 23
袋小路　42

索引　153

部品の山　88
部分化　103
ブランド　95
　——化　53
　——効果　95
ブルー・オーシャン戦略　54, 67, 136
プロシューマー　126
プロトタイプ　127
フロントランナー　51, 61, 64, 65, 81, 91, 93
分析的経営学　21
分析的経営書　vi
分析的態度　21
文理融合学部設立支援　70
米国技術系大企業　76
別解釈　17
ベンチャー　77
　——支援環境整備　70
ポートフォリオ戦略　65
ホリスティック・マーケティング　128
本流　32, 33

　　マ　行

マーケット・プルモデル　123
マーケティング　52, 95, 111, 112
　——・コンセプト　122
　——戦術　113
　——誕生　120
　——の近視眼　15, 23

　——部　115
窓口一本化　96
マネジメントレベルのイノベーション　140
マネジャー　32
未知・無知　64
目的-手段分析　16
目的論　86
目標仕様　46, 47
ものつくり　18, 91
ものの解釈　18

　　ヤ　行

要素還元主義　86
要素還元的方法　21
寄せ集め　95

　　ラ　行

ラジカセ　99
利益責任　118
理学　21
リードユーザー　127
量的変化　2
両輪性　38, 43, 65
連続変化　23
ロードマップ　69

　　ワ　行

ワン・ストップ化　97

著者紹介

丹羽　清（にわ・きよし）
1946年生まれ．早稲田大学大学院理工学研究科修士課程修了．日立製作所システム開発研究所，同基礎研究所，米国ポートランド州立大学工学部技術経営学科客員教授などを経て，現在，東京大学大学院総合文化研究科広域科学専攻教授．工学博士．米国テキサス大学 IC^2 (Innovation, Creativity and Capital) 研究所主任研究フェロー，IEEE-EM（技術経営論文誌）編集委員，PICMET（技術経営国際会議）インターナショナル・チェア．立命館大学大学院テクノロジー・マネジメント研究科客員教授．「技術経営」や「イノベーション」に関する企業人研修も行う．

主要著書
Knowledge-Based Risk Management in Engineering (John Wiley & Sons, 1989), *Technology and Innovation Management* (共編, IEEE, 1999), 『技術経営戦略』（共編, 生産性出版, 1999）, *Technology Management in the Knowledge Era* (共編, IEEE, 2001), 『技術経営論』（東京大学出版会, 2006）.

イノベーション実践論

2010年1月22日　初　版

［検印廃止］

著　者　丹羽　清

発行所　財団法人　東京大学出版会

代表者　長谷川寿一

113-8654 東京都文京区本郷 7-3-1 東大構内
http://www.utp.or.jp/
電話 03-3811-8814　Fax 03-3812-6958
振替 00160-6-59964

印刷所　株式会社三陽社
製本所　誠製本株式会社

ⓒ 2010 Kiyoshi Niwa
ISBN 978-4-13-042135-5　Printed in Japan

Ⓡ〈日本複写権センター委託出版物〉
本書の全部または一部を無断で複写複製（コピー）することは，著作権法上での例外を除き，禁じられています．本書からの複写を希望される場合は，日本複写権センター (03-3401-2382) にご連絡ください．

技術経営論

丹羽　清　A5判・384頁・3800円

技術が社会に多大な影響を与える高度技術社会の現在，企業に求められる新しい経営学とは？　米国・日本での大学や企業セミナーなどでの講義経験をふまえ，技術と経営の両面からバランスよく体系立てて書かれた初の「標準的」教科書．学生はもちろん，現代社会を生きる企業人の必読書．

知的財産制度とイノベーション

後藤　晃・長岡貞男編　A5判・424頁・4800円

特許性の基準やその範囲，企業の知財戦略，技術の取引や移転，あるいはそれらをとりまく司法制度や競争政策などの観点から，知的財産権がイノベーションに与える影響を理論的・実証的に分析することで，効率的な企業組織や望ましい知的財産制度のあり方を探る．

日本のイノベーション・システム
日本経済復活の基盤構築にむけて

後藤　晃・児玉俊洋編　A5判・340頁・5200円

技術者，研究者，企業，大学がそれぞれ有する高度な科学的・技術的知識を産業において実用化するインターアクティブなプロセスを考察することで，日本経済の中長期的な発展の基盤となるイノベーション・システムを構築するための手がかりを提示する．

ここに表示された価格は本体価格です．ご購入の際には消費税が加算されますのでご了承ください．